臺北歷史・空間・建築

新莊、艋舺、西門、大龍峒、圓山、劍潭

王惠君 著

76 西門町

136 大龍峒・圓山・劍潭

◉自序

從建築看時空轉換的故事

今天集政治、商業、文化等重心於一身，高樓林立、人聲鼎沸的大臺北地區，四百年前還是人煙稀少，只有原住民部落散落在淡水河和其支流之間，可以說觸目所及多為荒煙蔓草的景象。

臺北是經過什麼樣的歷程而發展到今天的繁榮盛況？筆者過去曾經參與過許多為保存古蹟或歷史建築而進行的建築調查，發現若將個別建築的歷史背景連接起來，常常可以看出地區的發展歷程。於是筆者將過去調查中發掘的歷史文獻、檔案資料、舊照片、建築圖和地圖，或是石碑等遺物，加上實際走訪調查，從留存下來或雖消失但留存於影像中的建築或街景，還有曾經生活在其中的人的故事，以清代、日治時期到戰後的時間軸，串起臺北都市空間變遷的過程，而寫成這本書。

因此，書中特別加入這些相關的原始檔案資料、舊照片、建築圖和舊地圖，以及現況照片，還有相關人物的小故事或日治時期特別的文化，另以專欄的方式敘述和說明，希望能更真實地呈現歷史情境。

同時，筆者也發現在臺北的不同地區經歷著不同的時空變遷過程，因此書中又從大臺北地區首先形成的市街——新莊，到萬華和相鄰的西門町地區，到北邊的大龍峒、圓山和劍潭地區，分成四個地區，由各地區重要建築的興建、時代的背景和市街的發展，來看它們各自空間發展的故事。

透過對建築與建過程的瞭解及其建築特色，可以知道這四個地區因為開發時間和所在地理環境的不同，而有不同的地區特性。

新莊是因為稻米的生產和外銷而興起的市街，一條街上曾經住了許多富裕的米商，也興建了好幾座廟宇，後來又經過市區規劃，街屋新建立面牌樓，因手工業的發展，街屋也有前店後廠的使用方式。在今天，許多精美的街屋立面可能被大招牌遮住，但仔細看仍會發現一些過去留存的構造和裝飾，可以想像曾經有過的繁華。

今天的萬華，名稱就是從舊名艋舺而來，曾經是原住民駕著小舟往來淡水河邊的港口。隨著大陸移民來到北臺灣及兩岸貿易的往來，萬華繼新莊之後發展成熱鬧的市街。清代興建的寺廟和市街，在日治時期經過規劃，成為整齊的紅磚造街屋，並且新建當時全臺灣學生人數最多的小學。現在也留下與學校相鄰的「剝皮寮歷史街區」，彷彿是從清代、日治時期到現在的時光隧道。

西門町原來是窪地，只有沿著臺北城西城牆的地區有道路通往艋舺，日治時期也因此開始在沿街興建街屋，日本商人在此經營各種商店，提供來臺日人各種生活所需的用品，因此開啟了西門町的商業發展。隨著窪地填高，形成新市區，提供了商業和公共建設的土地，西門町便越來越熱鬧，成為日治時期走在時代尖端，可以找到最摩登商品的時尚區。

大龍峒、圓山和基隆河對岸的劍潭地區，從清代以來就是關係密切、共同發展的地區。從同安人在此定居，興建四十四坎街屋、保安宮，而後人才輩出，日治時期民間還資興建孔廟。日治之初，日本人更因此地山明水秀、景色絕佳，而在此設立圓山公園，及對面的臺灣神社；而今天是花博公園和圓山大飯店等臺北重要地標。

此外，除了書中的四個地區，清代的臺北城內、城東和城南地區，或大稻埕地區等，也是臺北擁有個別歷史特色而發展至今的地區。接下來，作為本書之續集，希望能繼續從這些地區的歷史和建築資料，構築完成大臺北的建築和市街的故事。

本書能順利完成，必須感謝郭重興社長與龍傑娣總編輯的邀約和編輯；因為讀書共和國長期關注臺灣文化，才使得一系列相關的著作得以問世，讓我們可以認真回顧來時路，並思考未來的方向。寫作過程中，雖然筆者盡可能搜尋資料和求證，但仍可能有疏漏或錯誤之處，尚祈各界賢達不吝賜教。

王惠君　寫於二〇一九年一月十一日

◉前言

一六九七年（康熙三十六年）清政府統治臺灣之初，有郁永和因來臺採硫磺而寫下《裨海紀遊》一書，記載他沿路所見的臺灣各地風土民情，使我們可以一窺康熙時期臺北的狀況。當時他所遇到的漢人多混跡番社中，或任通事，或為社商，這些漢人應該是在西班牙人或荷蘭人來臺進行貿易活動時來到臺灣，但尚未實際在臺拓墾定居。同時，書中也記載在他來臺的三年前，亦即一六九四年（康熙三十三年），發生「地動不休」的大地震，使臺北盆地「俄陷為具浸」，也就是斷層下陷，造成海水入侵，形成臺北大湖。接待郁永和的淡水社通事張大表示，地震之後，本來沿著淡水河居住的麻少翁等三社也因此隨之遷徙。儘管如此，當時的臺北仍有「武嘮灣、大浪泵等處，地廣土沃，可容萬夫之耕」，也就是還是有大片適合耕種的土地。

在此之後也出現漢人移民至此的紀錄，目前可以確認的是一七〇九年（康熙四十八年），泉州移民共組「墾戶陳賴章」向官府申請獲得許可之「大佳臘墾荒告示」，是臺北盆地開發的重要證據。

告示全文如下：「臺灣府鳳山縣正堂記錄八次署諸縣事宋，為墾給單示以便墾荒裕課事，具陳賴章稟稱：竊照，臺灣荒地現奉憲行勸墾章，查上淡水大佳臘地方，有荒埔一所，東至雷里、秀朗，西至八里分、干脰外，南至興直山腳內，北至大浪泵溝，四至並無妨礙民番地界，現在招佃開墾，合情稟叩金批准給單示，以便報墾陸科等情，業經批准行查稟，著該社社商通事土官查勘確覆去後，茲據商社楊永祚，夥長許聰、林周，土官尾帙斗謹等覆稱：祚等遵依會同夥長土官，踏勘陳賴章所謂四至內高下不等，約開有田園五十餘甲，並無妨礙，合就據實具覆各等情到縣，據此合給單示付墾。為此示給墾戶陳賴章，即便招佃前往淡水大佳臘地方，照四至內開荒墾耕，報課陸科，不許社棍閒雜人等騷擾混爭。如有此等故違，許該墾戶指名具稟赴縣，以憑拿究。該墾戶務須力行募佃開墾，毋得開多報少，致干未便，各宜凜遵毋忽！特示

康熙四十八年七月二十一日給」

一般認為《雍正臺灣輿圖》繪製於清雍正 5-12 年（1727-1734），圖長772公分，寬63公分，北從雞籠社，南至沙馬磯頭，途中標註有山川、港灣、河流、島嶼、沙洲、縣城、衙署、廟宇、砲台等。圖中臺北盆地中為大湖泊，湖泊邊有多處渡頭。（《雍正臺灣輿圖》（臺北地區），國家重要古物，國立故宮博物院提供）

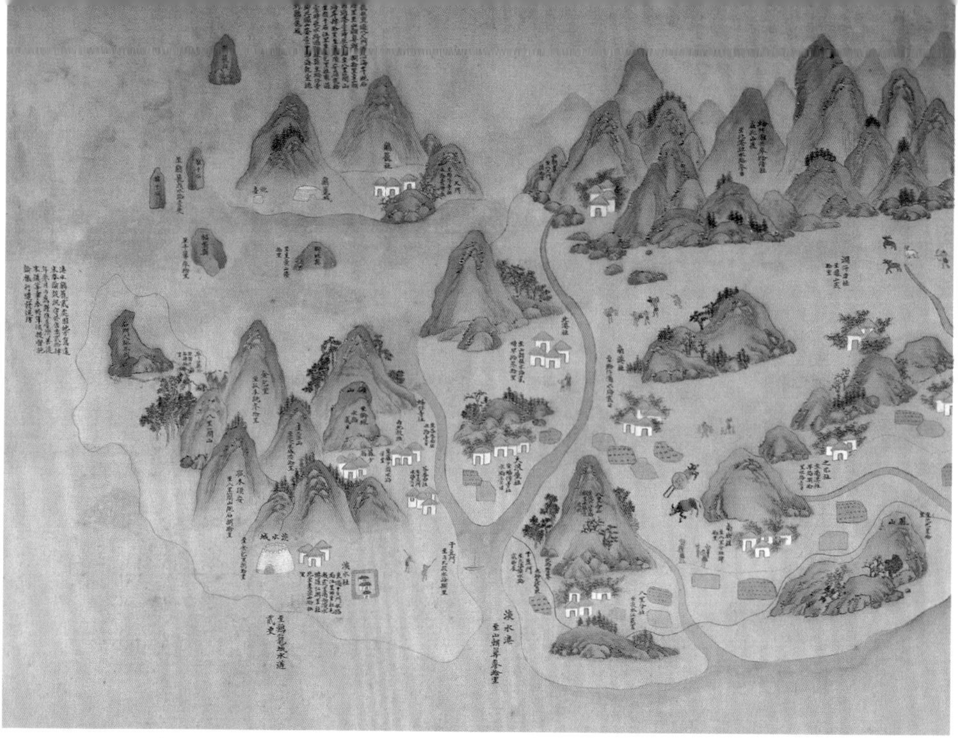

一般認為《康熙臺灣輿圖》繪製於清康熙 38-43 年（1699-1704），圖長 536 公分，寬 66 公分。以中國山水畫的筆法描繪臺灣西部由北到南的山川地形、行政兵備部署以及道路等。圖中可見寬闊的淡水河，水中有帆船，北岸記有「干豆門至內北投水路捌里」，南岸記有「干豆門至大浪泵水路貳時辰」，其他各社也有記下至其他社的水路所需時間，由此可以看出當時北臺灣以水路為主要交通方式。大浪泵社、南港社等地繪有田園，可看出農耕的狀況。（《康熙臺灣輿圖》（臺北地區），國家重要古物，國立臺灣博物館提供）

這一份墾照中清楚記載墾拓的範圍為「東至雷里、秀朗，西至八里分、干脰外，南至興直山腳內，北至大浪泵溝」，同時也說明已經由社商通事確認過墾地並未侵犯到原有在地居民的耕地，可以知道當時這個區域內仍然是尚未開墾的荒地。

隨後在一七一七年（康熙五十六年）的《諸羅縣志》中，記載大陸商船從淡水港進到關渡，向西南可到今天的板橋，東北可到今天的汐止，將在地生產的五穀鹿乾等貨品運到大陸販賣。

在一七四七年（乾隆十二年）刊行的《重修臺灣府志》中，則記載了自康熙時期開始到乾隆時期，由官方設立往返廈門到淡水的「社船」，將北臺灣生產的稻米運送到糧食不足的漳、泉等地，並在廈門購買布帛、煙茶、器具等來臺販售。社船最初為從四艘，到一七二三年（雍正元年）增為六艘，一七四三年（乾隆八年）又增加為十艘，正說明了清代初期兩岸貨品交易逐漸增加的狀況，同時也可以看出福建對稻米的需求，也是促成北臺灣開發的一個因素。

由於當時是以船隻來運送稻米和其他貨品，所以臺北地區的開發過程和淡水河息息相關。淡水河的主流是大漢溪（舊名大嵙崁溪），支流有新店溪和基隆河，新店溪在萬華附近匯入大漢溪後稱為淡水河，基隆河則在社子與關渡之間匯入，往西北到淡水注入臺灣海峽。淡水河進入臺北盆地沿途，船隻可以停泊的河港，就成為移民聚居和商業發展的良好地點，逐漸形成人口聚集的市街庄。淡水、八里、萬華和大稻埕都是淡水河港，新莊、板橋、三峽、大溪則是大漢溪沿岸的河港，基隆河邊的河港有士林、松山、南港、汐止等，新店溪岸則有景美、新店、深坑、石碇等。之後，移民又在臺北盆地興建圳道，建立灌溉系統，使得農業發展的條件更加提升，也聚集了更多的人口。

實際上，新莊、艋舺、景美、木柵、新店等地區，由雍正年間逐步開拓，至乾隆年間，臺北盆地已出現四街六十八莊，完成臺北盆地大致開發，農業興盛，米產增加。由於有淡水河之交通動脈，商業也隨之興盛。清初淡水河河床甚深，船舶可溯河至新莊、大溪、新店等地，其中新莊首先發展為繁榮的市街，乾隆年間大約在一七四〇年代是新莊開始興盛的時期。其後，淡水河河道日淺，新莊難以通航大船，商業活動逐漸轉至艋舺。一七六〇年（乾隆二十五年）時艋舺市街已形成，至一八四〇年（道光二十年）艋舺成為北臺最大市鎮。一八六二年（同治元年）滬尾開港後，北臺灣對外貿易發展迅速，由兩岸貿易擴大為國際貿易，然而由於大稻埕港口較深，可停泊大船，且居民與外商合作發展貿易的意願又比較高，因而逐漸繁榮，甚而超越艋舺。清末在艋舺與大稻埕之間興建臺北城，艋舺、大稻埕與臺北城成為所謂的「三市街」。日治時期才又向臺北城南與城東拓展，一九三〇年代起，進行大臺北都市計畫，建立臺北市主要的道路與綠地配置系統，戰後逐步實現並發展成今天臺北市的都市樣貌。

第1章
CHAPTER

【新莊】

1 從武勝灣社到新莊：臺灣北部最早的商業與政治中心

新莊地區早期為平埔族武勝灣社的居住地，樹木生長茂密，由於周邊有廣闊而肥沃的新莊平原，極可能就是郁永河筆下的「萬夫可耕之地」。康熙、雍正年間起，即有閩、粵移民由淡水河口八里坌進入北臺灣，沿河到此進行墾拓、開闢家園。自此之後，由移民組成的墾號逐漸增加，包括今天五股和泰山等地，都成為北臺灣的重要稻米產地。

漢人進入開墾後，新莊由原住民聚落的「武勝灣社」，成為漢人聚居地，亦即一七四二年（乾隆七年）刊行《重修福建臺灣府志》中記載的「興仔武勝灣庄」。除此之外，由於康熙年間發生大地震，造成地層下陷形成臺北大湖，使河海相連，從淡水河口乘船可進到此地，加上西北邊有過去稱為「興直山」的觀音山，因此這個地區亦曾被稱為「海山口」。同時，可能因為本處是晚於八里坌的漢人聚居之處，所以被稱為「新莊」或「新庄」，並因為是進入淡水河內的港口，所以又有「中港」之名。

清政府原本在雍正年間在淡水河口設立專司北臺灣內政的八里坌巡檢，一七五〇年（乾隆十五年）即移至新莊公館，在一七六七年（乾隆三十二年）正式將八里坌巡檢改為新莊巡檢。一七七四年（乾隆三十九年）刊行的《續修臺灣府志》中，已記載除了八里坌街之外，還有新莊街、艋舺渡頭街、八芝蘭街等，地名從「新莊」或「新庄」轉變為「新莊街」，正是從農業聚落發展成商業市街的象徵。一七八九年（乾隆五十四年）新莊巡檢改為新莊縣丞，進而顯示不只是商業，新莊也成為臺北地區的行政中心，可知當時新莊在北臺灣的重要性。隨著北部移民日增，清政府在一七九二年（乾隆五十七年）終於准許八里坌與福州五虎門對渡，更加速移民到北臺灣開拓。

2 稻米的出口港：一府二鹿三新莊

為了使稻米的生產更穩定，乾隆年間由劉承纘結合佃戶數百人，開鑿劉厝圳（又名萬安陂圳），此外張廣福墾號也開鑿了張厝圳（又名永安陂圳）。水圳的開鑿使得新莊平原用水充足，具備更好的農業發展條件，成為清代北部重要的產米區。一直到日治時期，新莊平原所產的米品質良好，且產量接近臺北地區產米總額的一半，「新莊米」也名聞遐邇。

新莊街由於鄰近大嵙崁溪，有港口地利之便，加上新莊豐富的產米量，乾隆年間與大陸之間航運繁盛，千帆林立，新莊成為稻米輸出與貨物的集散地，是當時淡水河沿岸最重要

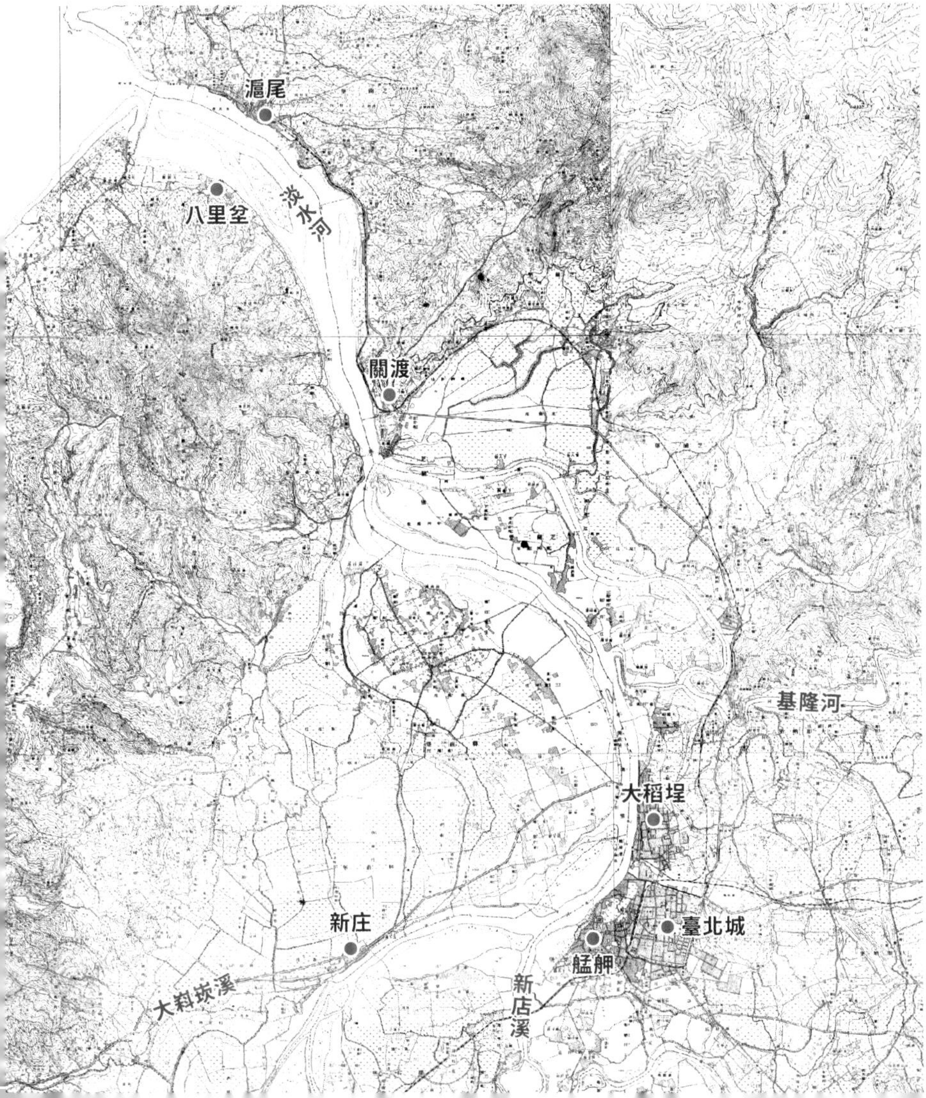

一八九八年（明治三十一年）由日本陸軍所繪製的《臺灣堡圖》中，可看出新莊周邊有廣大的腹地，有淡水河運之便，又與大嵙崁溪相連，成為重要的河港。（新莊地圖堡圖，中央研究院人社中心GIS專題中心：臺北市百年歷史地圖提供）

的河港。乾隆嘉慶時期人稱「一府、二鹿、三新莊」，正是指新莊是僅次於臺南、鹿港的重要都市，聚集了大量農民與商人定居於此。

乾隆中葉起至嘉慶末年，約在一七六〇年至一八二〇年間的六十年，是新莊街最繁盛的時期，今天的新莊老街即為當時形成，從廟宇的興建也可看出當時發展的過程。

3 廟街的形成

慈祐宮

傳說一六八六年（康熙二十五年），移民已在新莊建小廟供奉媽祖。慈祐宮中留存，一八七三年（同治十二年）設立之《重修慈祐宮碑記》中，刻有慈祐宮創建於一七二九年（雍正七年）的記載，可以知道新莊市街在雍正時期已聚集不少拓墾人口，並具備經濟能力，從福建運來建材，將小廟改建為大廟，名為「天后宮」，為今日慈祐宮前身。乾隆年間發生火災，「天后宮」亦受祝融之害，一七五三年（乾隆十八年）重建完成，加設池塘，並改稱「慈祐宮」。一七六三年（乾隆二十八年）淡水撫民同知胡邦翰更明訂以店租、魚池、渡租等收入，作為該廟香燈等的費用。次年，唯恐規矩未彰，還勒石立規，明訂收租、使用與管理的規條，即今嵌於慈祐宮大殿前右側過水廊牆上的「聖母香燈」碑和「奉憲立石—渡稅店租額」碑。

一七七七年（乾隆四十二年），新庄巡檢曾應蔚與地方仕紳共商如何促進新莊街的發展，共同提到重修慈祐宮一事，後來積極籌募資金，進行重修，至一七七九年（乾隆四十四年）落成。目前慈祐宮前殿右側門後，有乾隆已亥年的「水德配大」匾額，即為巡檢曾應蔚於一七七九年（乾隆四十四年）所題，過水廊牆上亦留有此次重建的捐款碑記。

一八一三年（嘉慶十八年）慈祐宮再次重修，地方人士捐匾「利濟參天」。此外正殿前過水廊牆上有前文曾提及，一八七三年（同治十二年）所立的《重修慈祐宮碑記》，記載從一八六七年（同治六年）九月起，董事陳紹容、生員黃謙光倡修，住持法紀襄理的重修過程，本次重修到一八七三年（同治十二年）才完成。一九二七年（昭和二年）、一九三六年（昭和十一年）和戰後，慈祐宮仍陸續進行多次修建，可以知道慈祐宮一直以來受到官民的重視，並擁有相當多的信仰人口。

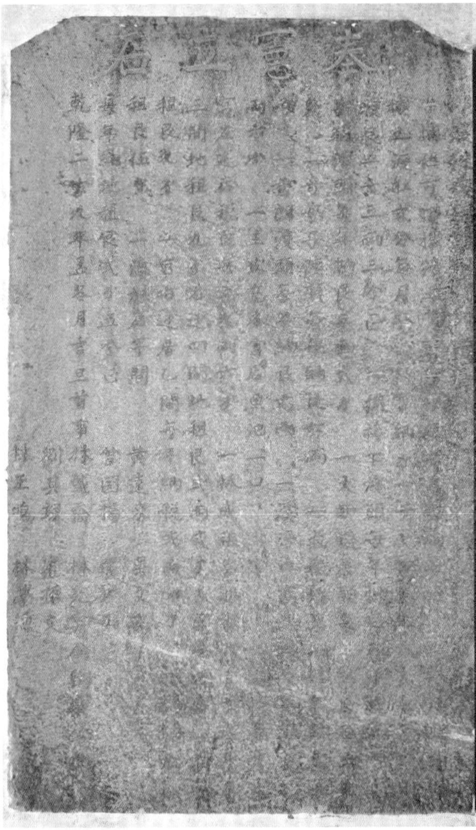

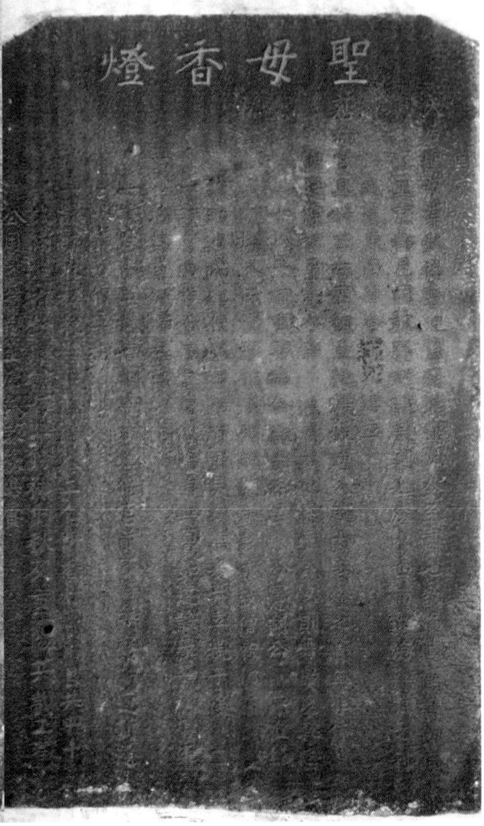

左｜奉憲立石碑，與聖母香燈碑同時立的此碑中，明訂包括當時的擺接上下渡頭、牛埔渡頭、大佳臘渡頭、奇母子渡頭、大坪林渡頭、秀朗渡頭、溪仔口高江渡頭，以及慈祐宮左右的店與厝，還有魚池，每年都要繳納銀錢給慈祐宮作為日常管理所需費用。其中，慈祐宮左右邊與前方共十一間店與一間厝的租銀，皆由漳州人林成祖所嘉助，可以知道當時新莊是各族群聚居之地。（王惠君提供）

右｜聖母香燈碑，1762 年（乾隆 28 年），在淡水撫民同知胡邦翰指示下，於乾隆 29 年立此碑為證，包括慈祐宮左右的店與厝，還有魚池，以及各渡頭每年都要繳納銀錢給慈祐宮作為香燈、僧人與工資費用，有餘資則請戲班來做戲。並且不許擅自典賣花用，宮前亦不許築寮。（王惠君提供）

1779 年（乾隆 44 年）由新庄巡檢曾應蔚所題，他也積極參與前二年的慈祐宮重修。（水德配天匾額，王惠君提供）

1873年（同治12年）所立的碑記中，記載有過去的歷次重修紀錄。（重修慈祐宮碑記，王惠君提供）

慈祐宮山門現況，從精美的木雕構件和彩畫，可以看出過去工藝技術與信徒的信仰熱忱。（王惠君提供）

武聖廟與廣福宮

乾隆年間，新莊邁向繁盛，也促進地方信仰的發展。一七六〇年（乾隆二十五年），慈祐宮西側興建武聖廟，一七八〇年（乾隆四十五年）再於東側興建廣福宮。廣福宮又稱三山國王廟，祀奉之「三山國王」為廣東省潮州的獨山、明山、巾山三山的神，主為客家人所奉祀，但後來客家住民在族群爭鬥中逐漸離開新莊，也使廣福宮香火漸衰。

廣福宮與武聖廟之間，被認為是新莊市街最早形成的範圍，清代以來其間的街屋，每戶面寬皆在五公尺左右，呈現整齊且美觀的街景。清代新莊河港碼頭的位置就在今天慈祐宮到武聖廟前方的河岸，從一八九八年（明治三十一年）日本人所做的實測地圖中，可以看到清末在武聖廟前的街區後方至大嵙崁溪河岸，有一片面積完整的空地，可能就是當時尚存的河港碼頭區，船舶可在此直接停泊卸貨，在碼頭旁聚集了搬運貨物的苦力。

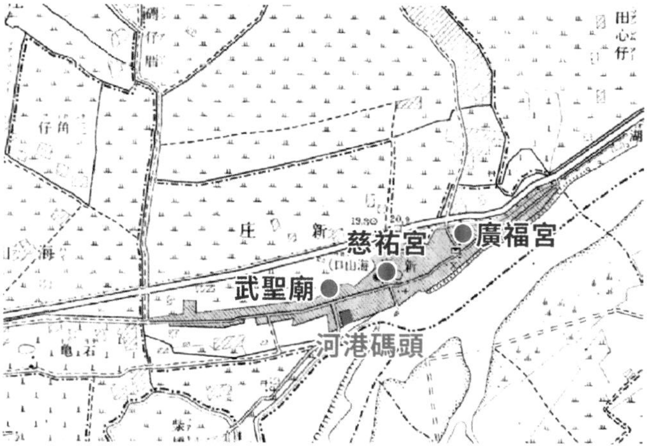

一八九八年（明治三十一年）由日本陸軍所繪製的地圖中，可以看到武聖廟前的街區後方，有一片空地，可能是當時尚存的河港碼頭區。（新莊地圖一八九五，中央研究院人社中心GIS專題中心：臺北市百年歷史地圖提供）

武聖廟前殿現況，屋頂形式為一九七九年在燕尾屋脊的屋頂上加上一層歇山頂的「假四垂」。之後，又在各屋脊上添加繁複裝飾，使外觀更顯華麗。（王惠君提供）

上－廣福宮前殿現況，有兩重燕尾脊的屋頂，下有以觀音山石所做的石柱、石堵、石獅等。

下－廣福宮正殿現況，古樸的龍柱，與未施彩的木構件，雖說呈現出客家建築樸實的特色，但也可能是因為客家人較早就離開新莊，所以就沒有進行後續的增修，而維持較早時的建築狀況而來。（王惠君提供）

4 「米市街」與「米市巷」

由於河港之便，加上廣闊肥沃的新莊平原，清代河港碼頭周邊即聚集有稻米糧號。慈祐宮與武聖廟之間的南側。「米市街」與其旁邊的「榮和街」到日治時期仍較其他地區聚集更多的米穀商號，為臺灣北部重要的稻米集散地，也是新莊街富商巨賈的居住區域。這個區域禁止經營賭博業、餐飲業、理髮業等，會發出噪音的碾米作業也禁止在這裡進行，其他下層階級更不得在此居住。「米市街」與「榮和街」之間，川流不息的碼頭工人搬運稻米到船上，因此稱為「米市巷」。從慈祐宮到米市巷，兩側的商家各有二十八間，共五十六間，稱為「五十六坎」，是過去街上最繁榮的地區。由此亦可看出新莊街是因為河港與稻米而興起的市街。

5 林本源家族與鹽館街

北臺灣著名的林本源家族也發跡於新莊。一七七八年（乾隆四十三年）左右，漳州人林應寅來到新莊開設書塾教育地方子弟，他的次子林平侯亦在十八歲（一七八六年）時來臺尋父。林平侯來臺之後先受雇於米商鄭谷家，幾年後鄭谷認為林平侯有商才，借給他資金，他用這筆資金賣米到大陸而起家。之後又與新竹林紹賢經營鹽館，並以帆船往來中國南方一帶從事貿易，獲利頗豐而成富戶。林家正是由稻米買賣起步，再將商業版圖擴展到鹽和其他的貨品貿易而興起。

新莊街的東側，也就是今天的大觀路、中正路與景德路一帶，即為林家米倉與鹽倉之所在地，因此這裡的舊地名為「鹽館田寮」，日治時期臨接主要街道的地區則被稱為「鹽館街」。林平侯除經商外，也陸續購買田產，並為了保護田產，依清廷捐納之例，納捐五千多兩，在一八〇三年（嘉慶八年）捐得縣丞為起捐官品，再捐知州，指省分發到廣西，任潯州通判，不久補桂林同知，再升署南寧府知府、柳州知府。林平侯仕途前後十年，頗有政績，因臺灣最高文官為臺灣道正四品，臺灣知府從四品，所以他的知府四品官身分，已經可以與臺灣在地官員分庭抗禮，可以說林平侯有此官階，應足以保護其在臺家產。

然而，林平侯回臺之際，由於發展興盛及位處要衝之地等因素，新莊開始成為閩粵族群或漳泉移民分類械鬥受害最大的地方。為確保家族的安全，林家在一八二四年（道光四年）另於大嵙崁建城，不但充實防禦功能，也建有土礱間、倉庫來處理租穀，同時也向大溪拓展開發。此後林家更陸續墾拓臺北、宜蘭平原，成為臺灣最大的地主。林平侯於一八四四年（道光二十四年）過世，翌年（一八四五年）下一代在板橋營建新邸——弼益館作為收租穀之處。一八五三年（咸豐三年）其子國芳於板橋新建宅邸，為三落大厝，又稱舊大厝，並遷出大嵙崁林家本邸。這段時間的漳泉械鬥使得板橋的漳州人希望建城以保護家園，因此林家作為主要捐款人與策劃者，在一八五五年（咸豐五年）決定興建「枋橋城」，建城完工後的板橋，即成為林家後來發展的主要據點。

儘管林家後來離開新莊，但仍在「鹽館街」留有土地建築和產業。一八七三年（同治十二年）《重修慈祐宮碑記》中，有「林本源捐銀壹百大元」之紀錄，可以知道林家仍與新莊有密切的關係。清光緒年間，林維讓和維源各為其母捐錢救助大陸發生的旱災，除獲頒匾額之外，還得以興建石牌坊，石牌坊亦建在新莊街。雖然這座石牌坊在戰後因開闢街道而被拆除，但原本牌坊上方刻著「聖旨」的石雕，目前仍保存在板橋三落大厝的庭院中，述說著過去林家輝煌的歷史，以及和新莊的淵源。

1873 年（同治 12 年）的《重修慈祐宮碑記》中，第二行記有「林本源捐銀壹百大元」。（王惠君提供）

6 隘門與福德祠

在治安未靖之時，經常有人覬覦新莊富戶的財富，從板橋、土城一帶，結夥搭著竹筏來到新莊地區搶劫。於是，新莊街上的五十六坎富商便集結起來，在米市巷底，港口碼頭中間的位置，以竹子為材，搭設二、三層樓高的瞭望防守臺，並且雇用年輕人輪班看守。

隘門

除了瞭望防守臺等基本防禦工事，當時在武聖廟、慈祐宮與廣福宮亦設立隘門，晚上關閉隘門，並由守夜壯丁進行巡邏，以防止外來的襲擊，確保內部的安全。根據日治時期地理學家富田芳郎的調查，除了各廟宇前方所設隘門之外，慈祐宮後側臨圳橋之處，與武聖廟西側早期即形成，也就是通往今天泰山的道路上也設有隘門。總計來說，為了保護「米市街」、「榮和街」與「鹽館街」，至少設有五座隘門。同時，街巷道路也採取曲折的道路規劃，避免來襲者長驅直入，並在對外的牆上，設有銃眼，以便放槍守衛。

1937 年富田芳郎論文中所附當時隘門照片（臺大圖書館提供）

日本學者富田芳郎於 1937 年（昭和 12 年）所發表的論文中所附「新莊街新莊市街圖」，圖中標示有各廟宇、地區名稱、舊隘門位置等，可以幫助我們了解當時新莊市街的狀況。只是圖中有一些小錯誤，例如戲館巷應為米市巷，灤和街應為榮和街，領仔市可能為竹仔市。（臺大圖書館提供）

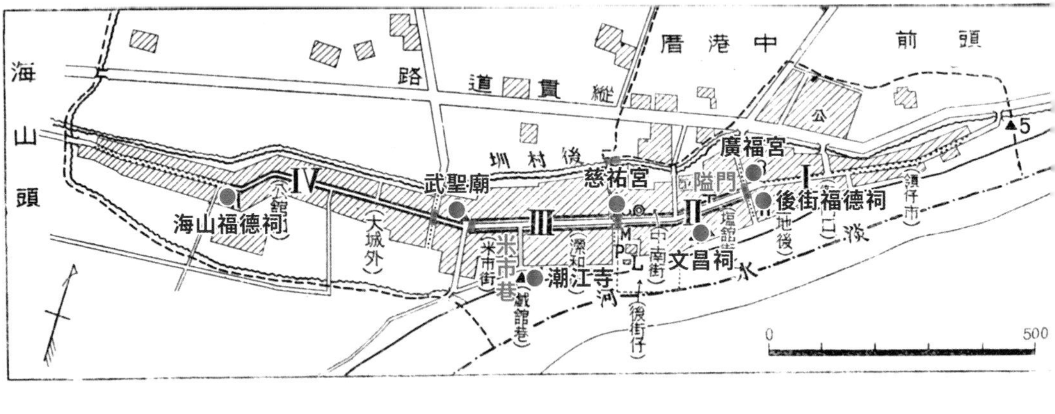

福德祠

作為精神上的守護，同時也是實質上的守衛據點，當時另設有位於市街邊緣的福德祠，如「新庄中港厝庄福德祠」、「新庄海山頭街福德祠」、「新庄後街仔街福德祠」等。「新庄中港厝庄福德祠」，也就是今天的中港厝福德祠，位於中港路一〇八號，坐北朝南，建於一七五五年（乾隆二十年）。「新庄海山頭街福德祠」建於一七六〇年（乾隆二十五年），為今天的海山福德祠，位於西側街尾新莊路與福海街口，坐東朝西，朝向大漢溪上游，據說是風水上的「擋財」作法，也就是將從上游流過來代表財的水擋住，以將錢財留在新莊。在此需附帶說明，雖然目前海山福德祠的建築與神像皆為戰後所建，但透過嘉慶年間的字契，可確認當時已有土地公廟的記載，此外宮內現在僅存最早的古物，為一只一八五三年（咸豐三年）所造的香爐，也可證明這間福德祠的悠久歷史。

新莊這些隘門的位置顯示出當時富戶的居住範圍；三座福德祠，即土地公廟所在的位置，則說明了早期一般移民的生活範圍，大致上為東北方到頭前，西到海山頭，南到河岸的區域。此外，在河岸設立的福德祠，也代表河岸在防禦上的重要性，是兼具防守功能的據點。

中港厝福德祠現況（王惠君提供）

海山福德祠內部現況（王惠君提供）

在早期新莊的三座福德祠當中，「新庄後街仔街福德祠」是一座位於河岸邊的福德祠，建於一七五〇年（乾隆十五年），然而由於一八九八年（明治三十一年）時颱風來襲，使這座福德祠被暴風雨沖失，遷地重建後又再度因水害而遷往大觀街，也就是今天位於新海橋附近的厚德宮，目前厚德宮的重修碑記中，清楚地記載了這段遷移的過程。而原有的「新庄後街仔街福德祠」，經過與在地人士的訪談，得知可能的位置就是在今潮江寺右方第二棵或第三棵的榕樹下。

除了上述三座較早建造的福德祠之外，廣福宮對面，今天新莊路與思明街口，也有一座福德祠。這座福德祠名為「新庄國王前後街福德祠」，由其名稱即可得知這是座位於也被稱三山國王廟的廣福宮前，後街上的土地公廟。這座福德祠亦坐東朝西，於一八五一年（咸豐元年）建造，建成較晚。

位於廣福宮前後街的土地公廟現況（王惠君提供）

此外，居民也曾在今天新莊路與新泰路交接處，最西側的隘門上方供奉祭拜土地公，但是在一九二〇年（大正九年）進行日治時期的「市區改正」施工時，拆除隘門而遷建於今天的新莊路五二三號，名為「慶福宮」。不料在一九三五年（昭和十年）為建造「河上町部落會」（原磚造全安活動中心）時，遷建的慶福宮又被拆除，並將原本供奉的土地公福德正神暫奉民宅，直到一九四六年，才在原地重建福德祠，一九四八年，重建後的福德祠配合所在全安里的名稱，稱為「全安宮」。現除供奉福德正神之外，尚有代天巡狩李星君，每年農曆六月十五日為千秋聖誕，前一日會舉辦盛大遶境活動。

由於清代新莊街曾經是淡水河域最富庶的市街，無論在精神上和實質上都需要最嚴密的守護，這樣的防禦需求，體現在新莊自清代以來興建的許多廟宇、隘門、各處的福德祠，與曲折的街道上。

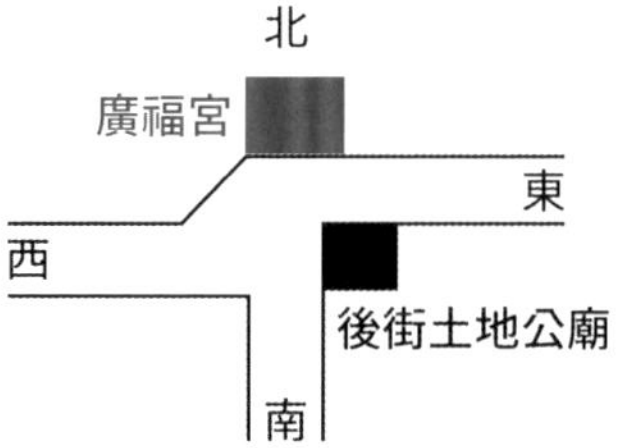

1937 年，富田芳郎在論文中特別提及新莊市街道路中，廟宇常位於道路底端，使道路呈現曲折的狀況。本圖即以廣福宮（三山國王廟）與土地公廟為例，說明道路與廟宇的關係。事實上，這樣的道路主要是為了防止盜匪等來襲者長驅直入而設立的關卡。

寺祠合一的潮江寺

清代在米市巷底碼頭中搭建了瞭望防守臺，道光至光緒年間，林口人蔡盛在河邊發現形似觀音的石頭，因此從臺北請來師傅將石頭雕刻成像，供奉在防守臺二樓，據傳過去曾有七、八尊觀音神像。至日治初期，由於原來的後街仔福德祠在颱風來襲時被沖失，而遷建成為今天的厚德宮，但當地的居民覺得河岸邊還是需要有土地公保護，所以又在防守臺的一樓供奉土地公。或許也因為如此，使防守臺在日治初期，形成二樓供奉觀音，一樓為福德祠的狀況。

這種寺祠合一，一樓「福德祠」主祀土地公福德正神，二樓「潮江寺」主祀觀世音菩薩，並設於同棟建築上下樓層的案例，事實上並不常見。以前在地居民稱這裡是「米市巷的觀音廟」，由此來看，應該是先奉祀觀音，後來才加祀土地公。而這也就是「潮江寺」的前身。

雖正式名為「潮江寺」之時間已不可考，但潮江寺之名的由來，可能是因為以前淡水河滿潮的時候，海水會淹至快到萬華之處，因此使用「潮江」作為寺名。並且由於原本是作為防守臺使用，面向大漢溪，因此潮江寺可能原來面朝對岸。傳說當地居民認為潮江寺面臨大漢溪，神力庇祐及於北邊板橋江子翠一帶地區，反而沒有保祐新莊地區，因此將座向改成面朝米市巷，成為現今的方位。此後，因為背對江子翠地區，江子翠居民也不再來參拜。

目前建築正面立面的「潮江寺」牌匾上記有「昭和癸酉仲秋 眾弟子重修立」，顯示潮江寺於一九三三年（昭和八年）曾經重修。正立面清水磚牆是以日治時期生產之TR磚（臺灣煉瓦會社所生產，表面有臺灣煉瓦縮寫英文字母TR之標誌）所砌，而七十公分以下的牆體，則是使用清代磚，以水泥砂漿砌築，表面亦以水泥砂漿粉刷，可以知道正立面為重修時再度利用原有清代磚，並加上當時的新磚材，以水泥砂漿重砌而成。

上｜潮江寺外觀現況（王惠君提供）
下｜潮江寺內部，有樓梯通往二樓。（王惠君提供）

另一方面，現存二樓的東西兩側牆體是以清代磚砌築，厚度較一樓石板條牆薄，僅二十五．五公分，紅磚之間的灰縫為水泥砂漿，亦為日治時期所砌，加上牆面上有用TR磚砌築的磚組砌窗與鳥踏，連接一、二樓的木製樓梯為日治時期常見的形式，可以知道現存二樓部分亦為一九三三年（昭和八年）重修時所建。

室內神龕牌匾所記的時間，福德祠為「昭和辛巳年桂月」，亦即一九四一年（昭和十六年）農曆八月；潮江寺則為「昭和辛巳年陽月」，也就是一九四一年（昭和十六年）農曆十月，或許是因為寺廟完成後，再繼續募款製作神龕，使得神龕完成的時間晚於重修的時間八年。

一九三三年（昭和八年）重修後的兩層樓建築，不同於傳統廟宇，沒有泥塑與剪黏等裝飾，而混用閩南式、日式、西式之各種構件與裝修方式，包括有西式線腳收邊、閩南式磚砌裝修、西式露臺、日式洗石子裝修與日式鐵柵窗等。

新莊街在一九一九年（大正八年）進行市區改正後，許多街屋受西化影響開始加入西式裝飾元素，據此推測，潮江寺的混合建築風格可能是受到市區改正後，新莊老街上街屋西式牌樓裝飾的影響。這一座小規模，與新莊老街其他廟宇截然不同的潮江寺，在米市巷的盡頭，道出了新莊曾有的河港歷史、防禦的需求，以及河岸福德祠的變遷。

7 老地名

從清代新莊街的老地名中，也可以進一步了解新莊街的特色。

前述的「米市街」、「榮和街」、「五十六坎」是最繁華的中心，接著東有「鹽館街」，在其東的廣福宮與福德祠間的隘門外，稱為「十地後」或「後街仔」，此外尚有因清代曾在此收稅金，而得名的「衙門口」，以及更東因大嵙崁溪上流盛產竹林，藉由水路運到此地上岸出賣竹材，成為市集而得名的「竹仔市」。

向西出了最西側的隘門，因為就像出了城門一樣，被稱為「大城外」，再向西則為曾是大墾號張廣福公館所在地，被稱為「公館口」。

早期新莊的工業多以手工業為主，由於當時農業較為發達，因此工業是因應農業需求而來，並且多聚集在新莊街尾，如打鐵業日日用打鐵店以及竹器店等。其他還有以養公豬出名的「豬哥巷」，以及因鹹菜好吃出名的「鹹菜巷」等位於

富田芳郎在論文中所附拍攝於一九三五年（昭和十年）的照片，可以看到在門前擺放竹子，以製作竹器為業的人家。（臺大圖書館提供）

老街西端，可以說是庶民的生活區域。而位於米市街東邊的「戲館巷」，則是因為住有教戲的師傅而得名，由此也可看出因新莊的富庶，而產生娛樂看戲的需求。

當時這些街屋平面多呈狹長型，以共同壁相隔，通常第一進前有「亭仔腳」，內為店面，並隔出客廳與房間，接著有中庭，中庭臨牆設有過水廊，有的也作為廚房，可通往第二進的公媽廳和房間，有的街屋還有第三進。而內部各進建築的深度與高度也不盡相同，例如東西兩端的庶民住宅大多面寬較窄且進深較淺，以單進為多。

另一方面，新莊的文教風氣日漸興起，早在乾隆時期便有虞文桂、胡焯猷、郭宗嘏等人設立義塾。道光至光緒年間，新莊文風鼎盛。一八一三年（嘉慶十八年）縣丞曹汝霖整修慈祐宮完成後，以其餘款在慈祐宮右側興建文昌祠，將原來配祀於慈祐宮中的文昌帝君獨立奉祀。至一八七五年（光緒元年），因為廟地狹小，在傳端銓擔任艋舺縣丞時，將文昌祠遷移至鹽館街鄰淡水河處現址，也就是今新莊路三百一十三巷與碧江街之交會處。

戲館巷現況（王惠君提供）

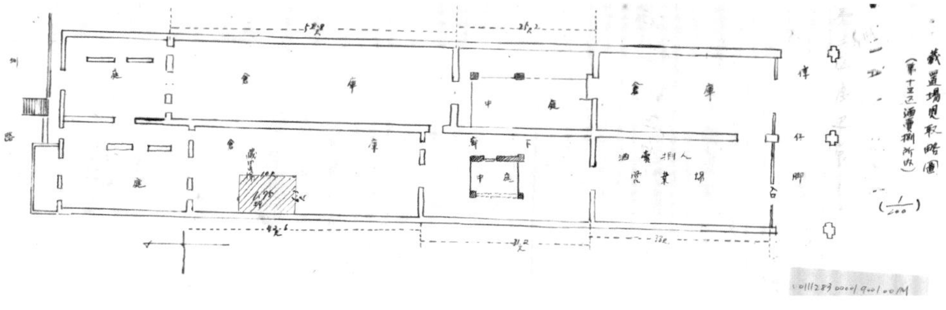

1942 年（昭和 17 年）酒品業者向總督府提出營業申請時所附建築平面圖，可以看出當時街屋的內部空間配置狀況。圖中業者擁有兩戶街屋，一戶作為倉庫，另一戶前為營業空間，後為倉庫。兩戶可能不是同時興建，因為第二進的位置並不相同，同時中庭的作法，一戶為兩側設廊，另一戶僅有單邊設廊。（總督府檔案專賣局檔案，街屋平面圖，國史館提供）

自此之後，秀才多在文昌祠左側護龍崇文閣授課，做為義塾的功能更為重要。此外，崇文閣同時也是文人雅士聚會場所，在此吟詩作對，鑽研書畫。即使後來到了日治時期，崇文閣仍有漢學家私下授課，教學漢文。

然而，後來因為大嵙崁溪淤積變淺無法再行船，新莊港市的優勢被艋舺取代。而後更因一八〇九年（嘉慶十四年），艋舺逐漸增加的人口及商業的繁盛，新莊縣丞遂改稱為艋舺縣丞，惟衙門仍在新莊，半年輪駐艋舺。同時，新莊也因前述閩粵移民之間的分類械鬥，到了道光、咸豐年間，市街發展逐漸停滯。

清代對新莊造成重大影響的械鬥，包括一八三四年（道光十四年），新莊閩粵相鬥，而後粵人戰敗遷往桃園中壢一帶；一八五三年（咸豐三年）漳泉惡鬥，隔年泉州四縣人分鬥，燒毀艋舺縣丞署；以及一八五九年（咸豐九年），漳泉械鬥再起，焚枋寮（今中和）等莊，隔年枋寮等地的漳州人連破新莊、西盛等泉州人村莊，造成新莊受害慘烈。

持續數十年的械鬥，直到同治年間才逐漸平息，但對新莊的生產和貿易都造成嚴重的影響，一八八七年（光緒十三年）後，由於劉銘傳建設臺北至新竹的鐵道，在新莊設有車站，才又得以稍微回復活力。

8 市區改正

然而好景不常，日本統治臺灣之後，將鐵道改由臺北經艋舺、板橋、樹林至桃園，不再經過新莊，一九〇一年（明治三十四年）新設的板橋線開通同時，原有的新莊線也正式停駛，加上當時流行於板橋、滬尾、新莊等地的鼠疫，造成新莊人口逐漸外移，商業亦隨之衰退。

鼠疫的流行，雖然影響了新莊的發展，但也使日本政府更為重視市街的環境衛生，開始進行新莊街路及下水道的改建。一九一九年（大正八年）進行市區的改正計畫，重新規劃下水道，並且將長約一千七百公尺，原來清代寬度約為三．六公尺的主要街道，拓寬為約七．二公尺。原本清代的新莊街中心聚集了許多經濟能力良好的商家，形成整齊美觀的街道景觀，並為方便往來的行人，設有「亭仔腳」，也就是今天的騎樓。隨著街道拓寬，原有建築正面必須拆除，退縮新作立面牌樓，但仍保持興建有騎樓的習慣。其中以中心的「米市街」、「榮和街」、「鹽館街」的騎樓最寬，約在三至三．八公尺之間，立面牌樓也最為華麗，還有幾戶為二樓或三樓建物，使街道景觀更為壯觀。武聖廟以西的「大城外」與「公館口」的騎樓寬度則只有半公尺至二公尺之間，而海山福德祠以西，以及廣福宮以東的街屋則沒有設騎樓，並且大多沒有建立面牌樓，維持清代傳統街屋的立面外觀。

上｜富田芳郎論文中所附 1937 年所拍攝的照片，可以看出榮和街一帶的市街景觀。（臺大圖書館提供）

中｜富田芳郎論文中所附 1937 年所拍攝的照片，可以看出武聖廟前街屋側立面形式。（臺大圖書館提供）

下｜ 1937 年富田芳郎論文中所附照片，可以看出「大城外」，亭仔腳（騎樓）較窄的街道景觀。（臺大圖書館提供）

今天仍留存少數日治時期所建的磚造騎樓，門面亦為過去傳統的木造形式。（王惠君提供）

今天仍留存的少數日治時期街屋立面外觀（王惠君提供）

9 產業發展

新莊街北側原來的鐵道在改道後，成為寬十四．六公尺的縱貫線道路，同時原來的劉厝圳、張厝圳及草埤圳等灌溉水圳，在一九〇九年（明治四十二年）由日本政府進行收購，重新整頓設立「公共埤圳後村圳組合」，一九二三年（大正十二年）改組為「後村圳水利組合」，後村圳取水量每秒可達兩百立方公尺，對新莊的農業發展繼續發揮重大貢獻。一九二四年（大正十三年）新莊街外設立「新莊農業倉庫」，確保新莊在農業上能繼續占有領導性的地位。

依據日本學者富田芳郎在一九三七年（昭和十二年）所作的調查，當時新莊街上有住宅二〇七戶（百分之四五．一）、商店八十五戶（百分之十八．五）、手工業一百一十

日治時期新莊明信片：1924 年（大正 13 年）所設立的新莊農業倉庫。（國家圖書館提供）

日治時期新莊明信片：日治時期所設立的新莊郡役所。（國家圖書館提供）

日治時期新莊明信片：日治時期由河對側看到的新莊市街景觀。（國家圖書館提供）

四戶（百分之二四・八）、其他類型五十三戶（百分之十一・五），總計四百五十九戶。其中，「米市街」與「榮和街」仍以商店為最多，並將過去的露天市集改建成為公共市場，在慈祐宮前設立新莊食料品零售市場，周邊還有公會堂與圖書館。同時，地方行政機構郡役所與街役場也設在慈祐宮的東側。此外一九三五年（昭和十年）在新莊街上也設立家畜市場。由上述調查結果，可以看出工商業發展的狀況。

在此時的新莊市街當中，「鹽館街」有相當多的手工業者，這也成為日治時期以後新莊街的特色。這些手工業者包括有家具、木桶、農具與竹製品，以及金銀紙、祭具和線香製造等，在此當中最著名的是製飴業（麥芽），有八處工廠，採用樹薯作為原料，在昭和時期年產額即達全臺灣第一，是臺灣糖果業的主要原料來源。製飴工廠以第一進為店面，狹長的街屋建築一直延伸至河畔，工廠即位於街屋第二進或三進之後。

「水飴」：麥芽的產地

最早以樹薯製作麥芽的「新品珍商店」於一九〇九年（明治四十二年）開業，是由蘇聰明所設立，他出生於清末，出生並居住於新莊「鹽館街」，父親蘇金追即從事麥芽製造業。九歲時父親過世，身為長男的他由公學校休學，白天協助家業，晚上讀書，積極對麥芽製造進行改良，逐漸將製飴業發揚光大，業務蒸蒸日上，使「新品珍」商號成為臺灣知名的製造販賣商，並且曾是新莊麥芽產量最高的工廠。他同時又擔任保正，在地方上具有相當高的社會地位。

一九三四年（昭和九年）由臺灣新民報社調查部所出版的《臺灣人士鑑》中，刊有蘇聰明的照片、簡歷與家庭。（臺灣圖書館提供）

一九二六年（大正十五年）「新品珍」更開啟與專賣局的交易，從當時總督府檔案的相關記載，可以知道「新品珍」之資產包括所在地之土地建物約一千五百日圓，中和庄溪洲田地約一千四百日圓與新莊信用組合出資二百日圓，雇工約有十人，產品販賣於中部、基隆、宜蘭等地。

由臺灣總督府專賣局的檔案記錄中，可以知道臺灣總督府專賣局收購的麥芽，不同於一般市場製造、提供製菓業者的麥芽，是專門提供做為製酒原料之用。過去專賣局製作藥酒原料的麥芽是由位於臺北市綠町的「老飴美」楊春生所提供。

一九二六年（大正十五年）蘇聰明提出樣品，經過檢驗合格，加上他們已累積十多年的信譽，因此得以參與估價，其後由「老飴美」楊春生負責提供臺北工場，「新品珍」蘇聰明負責嘉義工場之麥芽需求。

到一九三三年（昭和八年）時，提供專賣局麥芽的新莊街製造廠商，共有三家，除蘇聰明（新莊街新莊三四七番地）外，還有翁義勝（新莊街新莊一四四番地）與鄭余藩（新莊街新莊三一二番地）。這三家都位於新莊老街的東側，鹽館街和廣福宮之東。

過去臺灣總督府專賣局收購麥芽的方式，是由指定的日本與臺灣的七名製造業者，以競標的方式決定，但自戰爭時期進行物價管制後，在原料不足與價格高漲的影響下，又必須使物價維持於管制令頒布時的價格，因此日本當地業者相繼停止製造，無人參與競價。在此情勢之下，新莊的鄭余藩、蘇聰明、翁永裕三家業者，得以與專賣局簽訂「隨意契約」交易，提供麥芽原料給臺

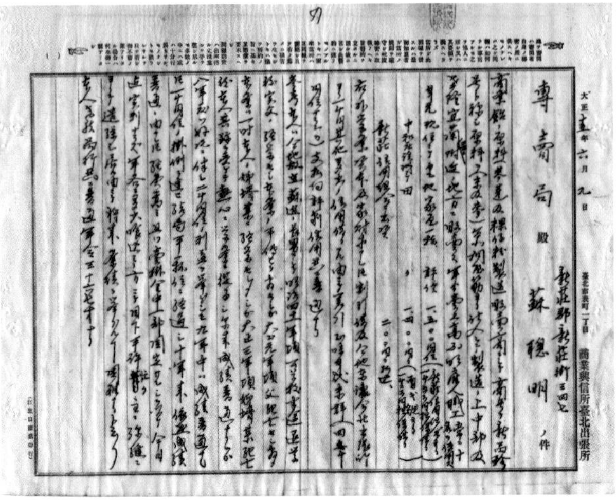

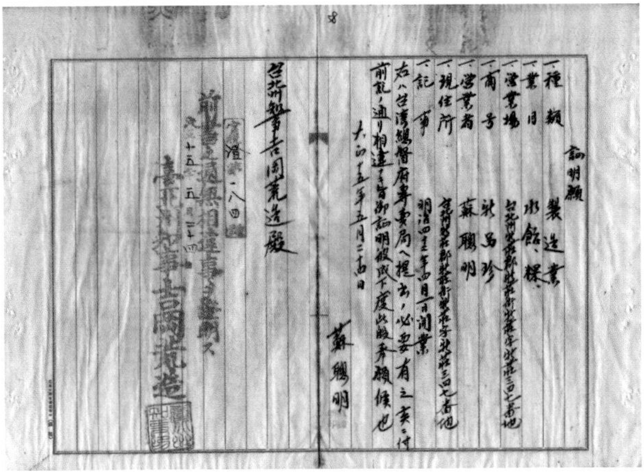

「新品珍」商號提送專賣局的證明文件中，記載蘇聰明過去經營「水飴」業的經歷與資產等。（臺灣總督府專賣局檔案，國史館提供）

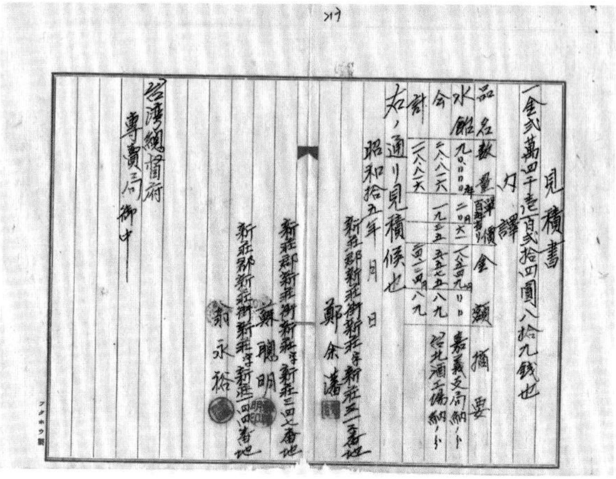
見積書

一金弐萬四千壹百弐拾四圓八拾九錢也

内譯

品名	數量	單價	金額	摘要
水飴	九〇〇〇〇斤	二〇六二	一八五五九〇〇	嘉義支局納ノ分
仝	二八八二六	一九三五	[illegible]	臺北酒工場納ノ分
計	一一八八二六		[illegible]	

右ノ通リ見積候也

昭和拾五年　月　日

新莊郡新莊街新莊字新莊五一一番地　鄭余藩

新莊郡新莊街新莊字新莊三四七番地　蘇聰明

新莊郡新莊街新莊字新莊四四八番地　翁永裕

臺灣總督府專賣局御中

一九四〇年（昭和十五年），新莊的麥芽業者鄭余藩、蘇聰明與翁永裕向專賣局提出供給嘉義支局與臺北酒工場的報價。（臺灣總督府專賣局檔案，國史館提供）

北酒工場與嘉義支局。

然而，隨著一九四〇年（昭和十五年）府令第二十七號公告，水飴原料米穀禁止使用，必須在州知事的許可下才能製造，即使是當時管理米穀之米穀局也難以取得原料。專賣局想見這項政策可能造成業者生產麥芽的困難，決定改由官方提供原料，一九四〇年（昭和十五年）四月八日，即請州知事給與三家廠商米穀使用許可，同年十二月再度簽訂契約，由官方提供近期四個月生產所需之「丸糯糙米」。當時，在新莊老街生產的麥芽直接以貨車載送到臺北酒工場，或是由貨車裝運送到樹林站，再由鐵路送至嘉義站附近的嘉義支局。

除此之外，一九四〇年（昭和十五年）七月五日，新莊的鄭余藩、蘇聰明、翁永裕三家業者因應專賣局的要求，提供板橋酒工場、臺中支局、花蓮港支局製造戰時所需，可以大量且快速生產，由理化學研究所鈴木梅太郎發明的合成清酒——「理研酒」所需的麥芽。由於米穀取得不易，經過板橋酒工場以澱粉製作麥芽，試驗成功，成為替代方案，故這次的合約所提供的是由樹薯的澱粉製作之水飴。

由以上的文獻紀錄，可以知道新莊的三家麥芽製造業，在戰時成為總督府的重要製酒原料提供商，不但未因原料受限而受到影響，反而因為戰爭對酒的需求而增加麥芽的需求，又因少了日本業者的競爭，業績更為興盛。麥芽製造也是在日治時期新莊街商業沒落之後，以小型工業開展的新出路。

「新品珍」工廠所在的街屋，位在林本源家族發跡的鹽館街，原來登記在林本源家族管家林光斗的名下。街屋的第一進與第二進後門上門匾題有「德潤身」與「儉養廉」，第二進的「公媽廳」正面，則書有上聯「追憶前賢父子三人並駕」、下聯「記懷昔哲友朋五鳳齊名」、橫批「孝友淵源傳作家政」，此外廳內也可見上聯「追祖宗之遠朝夕馨香必謹」，下聯「記昭穆之緣蒸嘗祭祀宜誠」，與左右門楣上分別有橫批「積德培麟趾」與「毛鳳起經傳」等，由這些保留的門匾題字，令人聯想到林家的發展過程，以及對子孫能慎終追遠的期待。

蘇家入住後，在第一進店面後面的中庭裡，於圍牆上以咾咕石堆砌成假山，並用水泥砂漿調配色粉塑成龍、鯉魚和雲朵，象徵魚躍龍門，兩側對聯寫有「鶯遷喬木任飛騰」，「魚躍禹門隨變化」，並且在第三進之後增建麥芽工廠，這些增建顯示了從傳統街屋發展成小型工業生產販賣場所，並且適時趕上時代的需求，成為總督府供應商，事業得以快速擴張，身分地位也跟著快速提升的寫照。由於蘇家後方即為文昌祠，日治時期文昌祠的早晚燒香點火與日常維護，也由「新品珍」負責，過去文昌祠側尚有石刻楹聯，刻有「品重家聲洛陽正顯，珍華門第淡水揚芬」，顯現出當時蘇家與文昌祠的關係。

「儉養廉」題匾（王惠君提供）

10 戰後的新莊

一九五七年的新莊街上，六百多戶中有一半是住宅，商店占三分之一，小型工業仍有九十九戶，約佔一成五。在小工業戶中，包括有木器店二十六戶、竹器店二十六戶、麥芽糖店十四戶、豆腐店十四戶。在這當中，包括新莊最早從事生產麥芽糖的新品珍商號以及翁裕美商行、陳捷成製飴廠等，仍繼續提供整個北部地區所需。然而，果糖的引進取代了麥芽糖部分食品加工的功能，再加上中南部的麥芽糖大型生產工廠相繼設立，使得新莊本地的麥芽糖生產部分遷往中南部，擴大生產規模兼經營果糖等相關產品，其餘則多結束營業。現在新莊市街僅剩「翁裕美商行」仍從事麥芽糖的製造。

過去新莊地區一直著重在農業的

發展，但一九六一年後政府開始培植臺北縣（今新北市）作為製造業中心，使得新莊地區工業大幅成長，然而從事農業的人口也相對減少。

今天新莊老街因為廟宇林立而被稱為廟街，這些廟宇可以說正是新莊因稻米生產與輸出而成為繁榮港市的見證。被招牌遮蓋的街屋牌樓與深度不一的騎樓，成為飲食和衣飾日用商品的商店街，但仔細觀察，仍然可以想像日治時期「市區改正」後的街景。碩果僅存的傳統手工業和小吃，以及連接河道與老街的巷弄，呈現出自清代以來，經過日治時期和戰後變化而形成的歷史疊層，散步於其間，仍然能令人湧現思古之幽情。

今天的碧江街連接河道與老街的巷弄，老樹和曲折的道路，都可以說是新莊河港發展的見證。（王惠君提供）

第2章 CHAPTER

【艋舺・萬華】

萬華原來叫做艋舺，也有人寫成「莽葛」，這個詞指的是原住民搭乘穿梭在淡水河上的小船，可以想見因當時常見原住民的小船聚集在河邊的景象，而有此名。日本人來臺之後，將此地的地名改成日語發音和臺語「艋舺」相近的「萬華」，顯示出當時此處是個集萬千繁華之地。

雖然新莊河港逐漸淤淺，但順著淡水河到北臺灣發展的移民卻越來越多，北臺灣與大陸交易量更為增多。艋舺大溪口——也就是今天的一號水門，原本就是原住民和漢人交換貨物之處，加上位於淡水河兩大支流大嵙崁溪與新店溪交會處，不但可以停泊大船，移民們可沿著淡水河各支流進入臺北建立村落，從事農業生產，生產的稻米可利用小船載運到艋舺出售，並換取所需的生活貨品。得到水運之利的艋舺，也因此接替新莊，成為繁榮的河港，快速發展，甚至進而取代新莊，成為大家熟知的「一府、二鹿、三艋舺」，大臺北最熱鬧的市街。

1 艋舺的寺廟

龍山寺

寺廟的興建時間是地方繁榮的指標，因為寺廟正是在地居民經濟能力的呈現。一七三八年（乾隆三年），移民來此的泉州人相得風水寶地美人穴，興建龍山寺，正殿由泉州晉江、惠安、南安之三邑人共同捐獻，供奉由晉江縣安海龍山寺迎請而來之觀世音菩薩分靈，後殿則由泉州武榮的郊商單獨出資，供奉天上聖母媽祖、文昌帝君與關聖帝君。其後，龍山寺並成為泉州人集會論事的場所。

一八一五年（嘉慶二十年）六月五日，因為一場地震，除了佛像座之外的建築物皆被夷為平地，而必須進行重建。五十二年後之一八六七年（同治六年）八月，又因遭颱風肆虐，寺壁嚴重受損，同年十月八日再度整修。

這次整修又經過五十二年後，因為柱樑遭白蟻蛀蝕，在一九一九年（大正八年），由當時的住持福智大師率先捐獻，帶動地方士紳集資，請來泉州惠安的名匠王益順主導，與其姪王樹發、雕花匠師楊秀興、石匠莊得發、泥水匠莊廷水、交趾陶洪坤福等共同施作，於一九二四年（大正十三年）完工，是龍山寺歷年來規模最大的修建，奠定今日龍山寺之規模。

第二次世界大戰末期，龍山寺不幸遭到空襲，正殿全毀，東護龍受損，儘管如此，觀世音菩薩聖像仍端坐蓮臺，寶相莊嚴。戰後王益順之侄王樹發的義子——王世南先生，依原有規模重建。重建工程自一九五五年展開，至一九五九年完工。

一九八二年，後殿文昌廳因火災重建，一九八三年十二月完工；關帝廳、媽祖廳因受菌蟻蛀蝕，於一九九七年十二月重修。一九九九年「九二一大地震」時，正殿石柱毀損，於二〇〇一年二月再行修復。

龍山寺歷經數次整修，因此在寺中的牌匾與柱上的題字中，可以看到嘉慶年間、同治年間、日治大正時期與戰後，不同時期的文句與書體。清代的牌匾多由郊商，如泉郊金長順、北郊金萬利所獻，日治時期則除了郊商之外，也有如華南銀行株式會社所獻，撰書者亦出現當時的知名人物，如康有為、施乾、

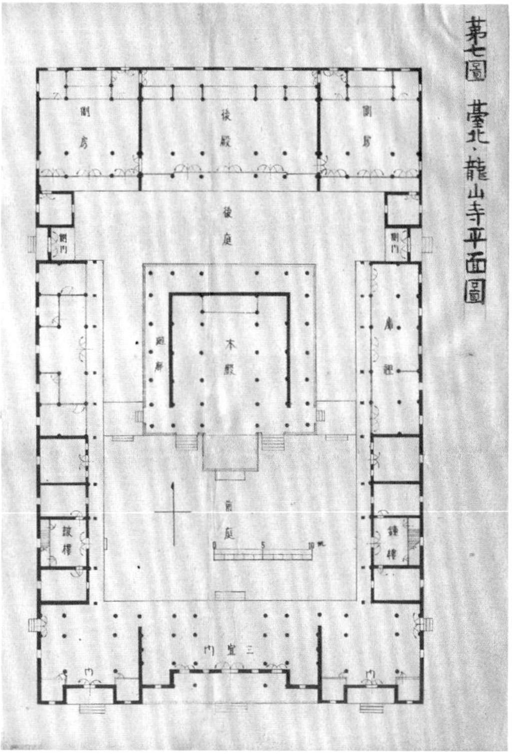

龍山寺平面圖，出自日治時期「台北工業學校」建築科教師田中大作對台灣建築進行調查，撰寫之「台灣島建築之研究」。本平面圖為 1924 年完工後的龍山寺，圖中所標「三宣門」應為三川門，「庫裡」為寺方處理事務之空間。（臺北科技大學收藏）

黃贊鈞、顏雲年，與日本人書法家尾崎秀真、澤谷仙等。目前的龍山寺基本上仍然維持大正時期重修後的規模，由前殿、正殿、後殿及左右護龍所構成。

前殿中央為五開間的三川殿，中間三間的兩端燕尾起翹的屋頂較高，兩側亦有向外燕尾起翹的屋頂，但高度稍低；左側為龍門廳，右側為虎門廳，屋頂又更低，但仍有兩端起翹的燕尾；屋脊上有裝飾，共同形成有變化又華麗的外觀。三川殿前還有一對很特別的銅鑄蟠龍柱，正面牆身有各種由花崗石與青斗石雕刻而成的石堵。

正殿屋頂為歇山重簷，中央有戰後重修的觀音山石雕雙龍盤柱，一龍頭在上，一龍頭在下，龍身上還有各種天兵神將手持武器乘著坐騎的戰爭畫面。雙龍盤柱旁有花鳥柱，再旁邊的角柱為龍鳳柱。殿內有

上｜田中大作拍攝之龍山寺外觀（臺北科技大學收藏）
下｜田中大作拍攝之龍山寺正殿（臺北科技大學收藏）

田中大作拍攝之龍山寺正殿石柱（臺北科技大學收藏）

由斗栱斜向出挑構築而成的螺旋藻井，與周迴的斗栱雕刻共同呈現出華麗尊貴的空間感。

後殿前有惠安石匠於一九二四年（大正十三年）所雕的人物柱，名為「郊遊記趣圖」，柱上可見各種表情與動作的人物，是很少見而特別的石柱。兩側門牆有龍堵與虎堵，上面的龍虎交趾陶則是洪坤福匠師在一九二〇年（大正九年）所製作的作品，造型十分生動。左右護龍分別有鐘樓與鼓樓，為獨特的轎頂式六邊形屋頂。龍山寺的雕刻石柱上有柱頭，和傳統的龍柱不同，可能是因為受到日治時期西方文化的影響。整體來說，龍山寺呈現出構造與裝飾相互結合的建築美。

今天的龍山寺前殿外觀

今天的正殿形式和規模與日治時期相同

今天的龍柱上方柱頭雕刻和日治時期略有差異　（王惠君提供）

地藏王廟・大眾廟

位於龍山寺東南的地藏王廟建於一七六〇年（乾隆二十五年），主祀地藏王菩薩，為引領亡靈前往西方極樂世界的神祇。在此興築地藏王廟的原因，應該是因為移民初期，許多人因天災或疫病而過世，為亡靈祈福而設。現在雖然經過數次改建，但仍保有古樸風格。地藏王廟東側尚有因為道路開闢，而由地藏王廟西側移來的大眾廟。

清水祖師廟

清水祖師廟是由泉州安溪人從一七八七年（乾隆五十二年）開始募款，次年興工，一七九〇年（乾隆五十五年）完工。落成不久，即在一八一七年（嘉慶二十二年）因暴風雨被摧毀，必須進行修建。一八五三年（咸豐三年）艋舺三邑人與同安人之間發生「頂下郊拚」，祖師廟位於要衝而遭焚毀，一八六七年（同治六年）再次重建，至一八七五年（光緒元年）才完工。一九四〇年（昭和十五年）後殿倒塌，此後後殿未再修建，一九七一年再因拓寬道路而拆毀部分右護龍。但目前的清水祖師廟，前殿與正殿仍保存同治時期所建的木屋架、石堵、龍柱與磚雕。

今天的清水祖師廟外觀（王惠君提供）

上｜田中大作拍攝之祖師廟正殿石雕（臺北科技大學收藏）

下｜今天的祖師廟正殿石雕已上彩（王惠君提供）

上｜田中大作拍攝之祖師廟正殿磚雕（臺北科技大學收藏）

下｜今天的祖師廟正殿磚雕已上彩（王惠君提供）

祖師廟正殿內部仍保存有清代興建時之五瓜三通木屋架（王惠君提供）

祖師廟前殿仍保存有清代興建時之木屋架、龍柱和石鼓（王惠君提供）

青山宮

青山宮位於今天的貴陽街二段，也就是以前從大溪口上岸後進入的市街上，供奉「青山王」，也稱為「靈安尊王」，是驅治瘟疫的神，由泉州惠安人於一八五四年（咸豐四年）所迎請，並在一八五六年（咸豐六年）興建完成。每年靈安尊王誕辰時，從農曆十月二十日至二十二日會舉行連續三天的靈安王遶境，頭兩天的「暗訪」僅有靈安尊王和八將團等陣頭在晚上出巡，第三天則繞行萬華，其他廟宇也會參與，是萬華地區的大型慶典。

龍津宮

位於第二水門口的龍津宮奉祀順正府大王公，又名護國武惠尊王，舊稱王公宮，於道光年間由福建晉江縣經商者自祖廟分香至此。

今天的龍津宮外觀（王惠君提供）

今天的青山宮外觀（王惠君提供）

2 街道的形成

從位於今天一號水門的大溪口上岸，而形成的大溪口街、歡慈市街，也就是今天的貴陽街二段，可以說是「艋舺第一街」。艋舺市街的發展也和寺廟息息相關，隨著龍山寺建成後，就向南延伸而逐漸形成舊街、新店街以及龍山寺街。

一七四六年（乾隆十一年）商人們又集資興建了媽祖宮與土地公廟，而向北延伸出媽祖宮口街，向東之直興街、土治（地）前街與後街。一七六〇年（乾隆二十五年）在龍山寺東南側，新建了大眾廟與地藏王廟，連結成頂新街與廈新街。

一七八八年（乾隆五十三年）泉州安溪人在土治前街東面又興建清水祖師廟，與土地公廟

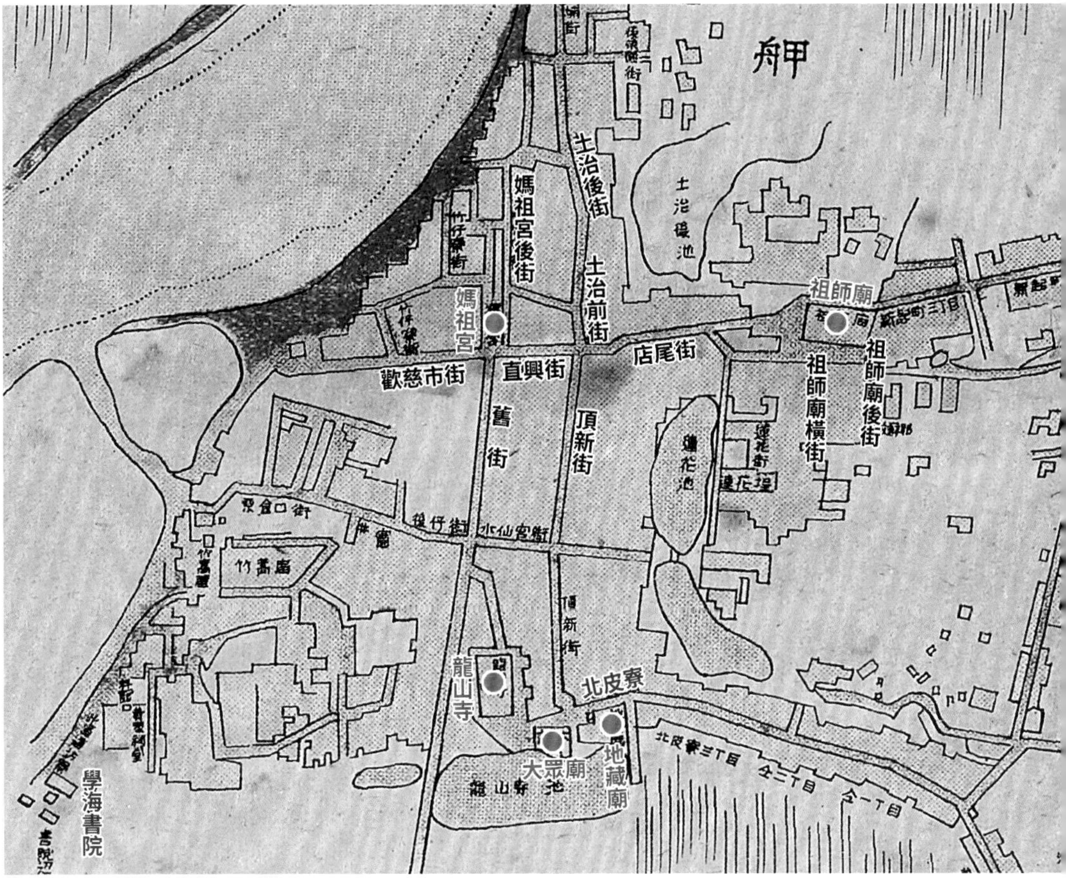

在 1897 年日本人繪製的地圖中，可以看到標示有土治後街、土治前街、媽祖宮後街、媽祖宮、歡慈市街、直興街、店尾街、祖師廟、祖師廟橫街、頂新街、水仙宮街、龍山寺、大眾廟、地藏廟等。（中央研究院人社中心 GIS 專題中心：臺北市百年歷史地圖提供）

以店尾街相連，其側形成祖師廟橫街。一七九〇年（乾隆五十五年）商人們設立水仙宮，宮前即稱為水仙宮口街。總括來說，由艋舺原來的老地名，可以知道街道形成的先後，以及和廟宇的密切關係。

除此之外，大溪口北邊的王宮口街，是由位在今天二號水門的龍津宮向南延伸而來，為當時碼頭工人聚集之處。更北的滬尾渡頭街，是由今天三號水門延伸而出。而萬華西南側沿岸的料館口街則是當時木材上岸之處。

隘門

清代的街道並非筆直，常在街道交接口有轉折，或在路口建寺廟，一方面寺廟成為街道端景，也能兼為防禦的據點。同時在街道的頭和尾，興建土或磚石牆，只設小窄門供人進出，稱為「隘門」，並且雇

位於廣州街 223 巷隘門拆除後之遺跡（王惠君提供）

隘門拆除前之狀況（詹益忠繪製）

用壯丁輪流在隘門防守，以保衛內部的商家和居民。這樣的街道樣貌可說是反映時代需求的地景。然而，等到後來發展到以車行為主的時代，因為必須開闢寬直、車子容易通行的道路，位於路口的廟宇或隘門往往遭到被拆除的命運。像土地公廟、水仙宮廟和媽祖宮都是如此，還有位於廈新街與土地前街交界處的隘門也早被拆除，據說上面還曾奉祀玄天上帝。

南端的隘門因為不在計畫道路上，一直到二〇一〇年才因考慮消防通道而拆除，上面曾建有土地公廟，廟門對聯寫有：「威鎮隘門三百載，恩施艋舺千萬家」，目前拆除的痕跡還留在鄰房的外牆上，尚能看出隘門內側設置有樓梯，但可以預期不久之後，或許連側影也會消失。目前其對側的公共藝術即以此為主題，將原有隘門和土地公廟繪製在對面的牆面上，作為隘門曾經存在的紀錄。這個隘門所在的廣州街二二三巷，正呈現出清代以人行為主的時代，街道狹窄不規整的狀態。同時在以刀械為武器的時代，這樣的隘門也可以達到一定程度的防禦功能，彎曲狹窄的街道也是避免敵人長驅直入的設計。

3 消失於艋舺的寺廟

新興宮

一七四六年（乾隆十一年）新建媽祖宮時，因為當時仍以新莊最為繁榮，艋舺屬於新興區域，故稱「新興宮」，亦稱天后宮。依據日本人來臺初期的調查記載，新興宮土地約有一百六十餘坪，廟宇面積有一百二十七坪。過去清嘉慶年間曾發生火災，道光時重修後，與龍山寺和祖師廟，並稱艋舺三大廟門。

雖然廟宇所在地位於「艋舺市區改正計畫」之都市計畫道路上，但由於香火鼎盛，媽祖宮並未立即被拆除，一直到戰時考慮萬華地區人家稠密，必須開闢防空道路，減低因遭砲擊而延燒的損害，才在

目前展示於西門天后宮中之原新興宮龍柱（王惠君提供）

一九四三年（昭和十八年）拆除媽祖宮。拆除後媽祖神像與神器被安奉於龍山寺，戰後信徒向政府申請獲得許可，於一九四八年將神像迎奉至西門町的原日本佛教新高野山弘法寺。目前原來的弘法寺已改建為天后宮，仍保存有清代新興宮中之古鐘與天上聖母座椅，以及龍柱、石獅等，可以確認今天的西門天后宮與原來艋舺新興宮之關聯。

目前展示於西門天后宮中之原新興宮石獅（王惠君提供）

目前展示於西門天后宮中原新興宮龍柱（王惠君提供）

水仙宮廟

原來奉祀夏禹的水仙宮廟，與媽祖同屬保佑海上航行平安的神，因此在臺灣早期的港市，必須往來兩岸的郊商就會出資興建這樣的廟宇。艋舺水仙宮廟建於一七九〇年（乾隆五十五年），位於今天的西昌街與桂林路交叉口。到了道光年間已漸毀損，雖有倡捐重修，但可能因為媽祖信仰已成為主流，因此並沒有完全完工，以致更為傾圮。一九〇八年（明治四十一年）艋舺進行市區改正工程時，水仙宮被拆除，水仙尊王遂移祀至龍山寺。

現在奉祀於龍山寺後殿中的水仙尊王，供奉在天上聖母的旁邊，獨祀禹帝，配祀為二名宦官，藉以凸顯大禹的帝王身分。水仙尊王神像前，還立有一面上刻「水仙尊王神位」的牌位。據說是由於水仙尊王掌管水事，有鎮滅火災之力，所以消防局會向龍山寺借請水仙尊王，但由於神像金身無法輕易外借，因此另外雕刻了一面水仙尊王神位。

無論是水仙宮或是龍山寺等寺廟，由出資興建到後來的維持，都與「行郊」密不可分，也和當時移民的族群相關。例如龍山寺至今仍有十一個祭祀團體為其會員，包括以前船頭行組成的公會「北郊金萬利」，金紙香燭業的公會「金晉興會」，以及張德寶號等。

位於龍山寺西側門張德寶敬獻之浮雕石堵（王惠君提供）

4 商行與富戶

清代臺灣沿岸，常可見財力充足擁有帆船，往來兩岸進行進出口貨品貿易的「船頭行」。這些船頭行為確保共同的利益和保障安全，又組成類似今天的同業公會之「行郊」。行郊常常是由同鄉所組成，也帶有同鄉會的意義。清代艋舺有三郊，「北郊」、「泉郊」與「廈郊」。「北郊」是由與寧波、天津、上海等地進行貿易往來的行號所組成，並分「大北」與「小北」，大北是與天津、上海，小北是與寧波、上海等地交易。「北郊」專營大菁、藤、米、麻、糖等出口，與布帛、綢緞等進口貿易。「泉郊」則是以出口大菁、藤、米、麻、糖等，進口金銀紙、布帛、陶瓷器、鹹魚、磚石等，與泉州進行交易。「廈郊」是以出口油、米、糖、大菁、茶葉與樟腦等至廈門，經營與廈門往來的貿易。

成功的郊商成為艋舺的富戶，最出名的當屬「第一好張德寶，第二好黃仔祿嫂，第三好馬笑哥（王益興）」，指的就是艋舺三大有錢人。張德寶並不是一個人，而是商號的名字，由經營泉州與艋舺之間往來貿易的泉郊商人張秉鵬所創。他致富後在大約今天內江街臺北護理健康大學的位置上興建宅邸，前有河溝，四周築有竹圍與石牆，兩側還建有銃樓四座。

富商黃祿的宅邸位在今天的廣州街二六五巷，初建於咸豐年間，後來捐出來成為黃氏宗祠——「種德堂」。現存的建築則是在日治時期所改建。

此外，目前位於環河南路一段一七九號林德興宅的林德興號，原是經營米穀、山產的大商號，也是

黃氏宗祠現況（王惠君提供）

與大陸沿海進行對渡貿易的郊商。據說距此不遠的今天二號水門外就是昔日林姓家族使用的碼頭。林德興號除了加入行郊之外，還是「永春媽祖會」的一員。「永春媽祖會」是祖籍福建永春的郊商，以媽祖為信仰中心而組織的公會，置有公產。現在每年農曆三月二十一日，郊商後代仍會在林德興宅聚會，處理公會收支，舉辦簡單的祭拜儀式。

其他著名的富商還有與劉銘傳合作關係良好，捐地興建考棚的洪騰雲，也是一位艋舺米商。他於道光年間六歲時才跟著父親到艋舺土地後街，後開設米行——「合益號」，經營兩岸貿易，很快就成為巨富。洪騰雲不但樂善好施，也大力支持劉銘傳推動的各項政策，臺灣第一輛火車因此被命名為「騰雲號」。

此外，在臺北城東門內為母親興建黃氏節孝祠與牌坊的王純卿也是艋

紳的富商，日治時期的戶籍就在頂新街三十六番號。

由於清代艋舺是大臺北的重要貿易港，因此商行中以船頭行為最多，接著就是金銀紙店，其他還有染房、舶來雜貨、米穀業、中藥店、糕餅業等，此外也有因應商業繁榮而起的酒樓等服務業。沿街的狹長街屋成為各種不同行業的經營場所，例如需要用水的染房設在接近水岸的街屋，中庭作為曬乾的空間，騎樓也成為工作區。木材行同樣設在水岸附近，以便於運送，或是設在可作為貯木池的水塘邊。米行則將街屋第一進作為碾米和販售空間，在中庭過水廊處設置廚房，第二進作為休息和倉庫空間，並且可由後門進貨。

由於到艋舺的移民越來越多，加上商機無限，也造成不同族群之間為爭奪地盤而產生的競爭與對立。一八五三年（咸豐三年）發生泉州三邑人與同安人之間的「頂下郊拚」，同安人落敗後，原來住在艋舺東南的八甲庄同安人逃到大稻埕發展。一八五九年（咸豐九年）再發生「漳泉械鬥」，艋舺的泉州人退到下崁庄據隘門防守，歷時二年之久，直到同治年後，族群間的械鬥衝突才漸趨和緩。

另一方面，清政府於一八五八年（咸豐八年）簽訂天津條約、一八六〇年（咸豐十年）簽訂北京條約之後，淡水河流域隨之開港，一八六二年（同治元年）更允許艋舺成為開港的河港之一，艋舺商行亦與世界貿易接軌。後來由於北部的貿易商品樟腦和茶，商品價值更甚於過去貿易主力商品的米和糖，使北部的經濟發展以及政治上的重要性，逐漸超越更早發展的南部和中部。

5 社會救濟設施

同治年間，艋舺已經是人口密集，商業鼎盛的市街。一八六九年（同治八年）來臺擔任臺灣府淡水撫民同知，也就是淡水同知，負責當時淡水廳（大約為今天的基隆到新竹區域）內政的陳培桂，暫居學海書院時，注意到艋舺未如福建一般設有育嬰堂，於是與艋舺縣丞林桂芬提及此事，並捐款倡議興建。一八七〇年（同治九年）育嬰堂建成，前有頭門，中有神明廳與拜亭，右築室七間，奶媽可住在其中，收養孤兒或貧困人家的子女，並在重男輕女的時代，矯正溺斃女嬰的惡習。後來因人數過多，還規定收容人數不能超過五十名。雖然在日治時期就廢除了育嬰堂，但在今天的舊仁濟醫院門邊，仍留有「淡北育嬰堂碑」，作為這段歷史的見證。

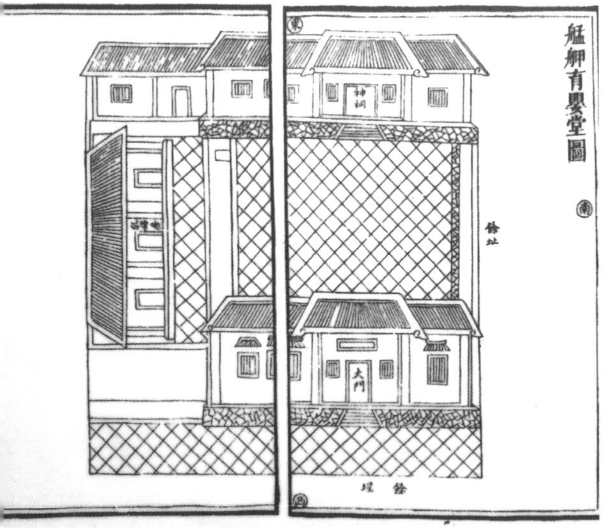

《淡水廳志》中之艋舺育嬰堂圖，有大門、神祠與乳婦房。（陳培桂，育嬰堂圖，1871，《淡水廳志》）

1870 年（同治 9 年）設立之「淡北育嬰堂」碑（王惠君提供）

除了育嬰堂之外，一八七九年（光緒五年）臺北知府陳星聚倡議設立養濟院，以賑濟鰥寡孤獨及殘廢無靠者。此外，由於從中國大陸來臺任職的文武官員，若在臺灣過世，因為在臺灣沒有私宅，常會發生無處殯殮的窘境，因此在地方官倡議下，同治光緒年間，獲得巡撫允許，由官吏和紳商捐資在後來的西門外設置停柩所，以在此等待官船歸葬回故鄉，並且購置土地家屋作為維持的經費，稱為同仁局。一八八六年（光緒十二年）兩位武官統領過世，當時的軍裝局與機器局總辦，以及淡水知縣和新竹知縣共同商議設置同善堂以作為停柩之處。此項提議獲得巡撫劉銘傳同意後，由官商捐資於東門外購買民田作為停柩所，並購置田產等作為基金，並與之前設立的同仁堂合併成為同善堂。日本人治臺時，將育嬰堂、養濟院與同善堂合併，在育嬰堂址設立仁濟院，由政府維持管理。戰後，臺北仁濟院改為財團法人私立臺北仁濟救濟院。從仁濟院的設置可以知道，隨著艋舺市街的繁華興盛，很早就出現了社會福利機構。

日治時期的仁濟院正面外觀（勝山吉作，1931，臺灣圖書館提供）

仁濟醫院外仍留存原來的石獅
（王惠君提供）

日治時期仁濟院內部的病房（勝山吉作，1931，臺灣圖書館提供）

仁濟醫院現況外觀（王惠君提供）

6 艋舺的都市計畫

日本人來臺後，將原來的大溪口街，也稱蕃薯市街，改名為與臺語發音相近的歡慈市街，離歡慈市街和大溪口不遠的凹斗仔，也就是今天的寶斗里，在艋舺日漸繁華之後，逐漸出現了盛名遠播的妓樓。當時的日本政府比照日本國內的方式，將此周邊劃為「遊廓」，也就是允許設置特種營業的場所，稱為「貸座敷」，戰後這裡延續過去的發展狀況，曾為允許公娼的區域。今天由臺北市政府文化局登錄為歷史建築的清雲閣，即為當時的營業場所之一。

清末艋舺已經是人口與建築密度都很高的地區，大約在一九〇四年（明治三十七年）到一九〇九年（明治四十二年）間，臺北陸續進行市區改正計畫工程，當時以艋舺原有的道路為基礎，進行了道路系統的規劃，並沿道路兩側進行下水道工程。同時，由於空地取得不易，不易劃設新的公園，只能以龍山寺前的空地作為公園。實際上，在圖中劃設的預定道路，要開闢也不容易，到一九〇九年（明治四十二年）為止，收購並拆除了位於道路用地上的五百三十四戶，才完成主要道路的開闢或既有道路的拓寬。但仍然有像媽祖宮所在的計畫道路，直到二戰期間才因防空的理由而真正執行。另一方面，一九三二年（昭和七年）公告的臺北都市計畫中，將都市計畫的範圍拓展到原來的艋舺以南，但是實際上道路開闢與市街開發則是到戰後才逐一執行。

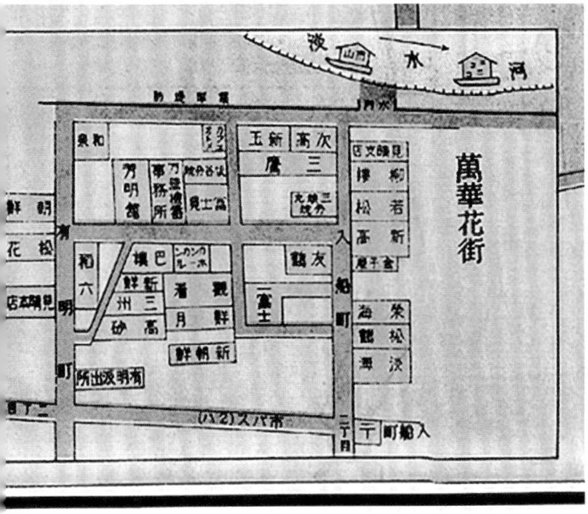

在一九三五年的臺灣博覽會宣傳地圖中，也特別附記萬華花街的圖。（遊廓，中央研究院人社中心GIS專題中心：臺北市百年歷史地圖提供）

在一九一三年出版的《臺北寫真帖》中有位於艋舺歡慈市街的遊廓照片，並記載多數是日本人設立的，也有幾家是臺灣人經營的。（村崎長昶，艋舺遊廓，一九一三，日本國會圖書館提供）

艋舺市街的景象，出自一九一三年出版的《臺北寫真帖》。（村崎長昶，艋舺臺灣人市街（其一），一九一三，日本國會圖書館提供）

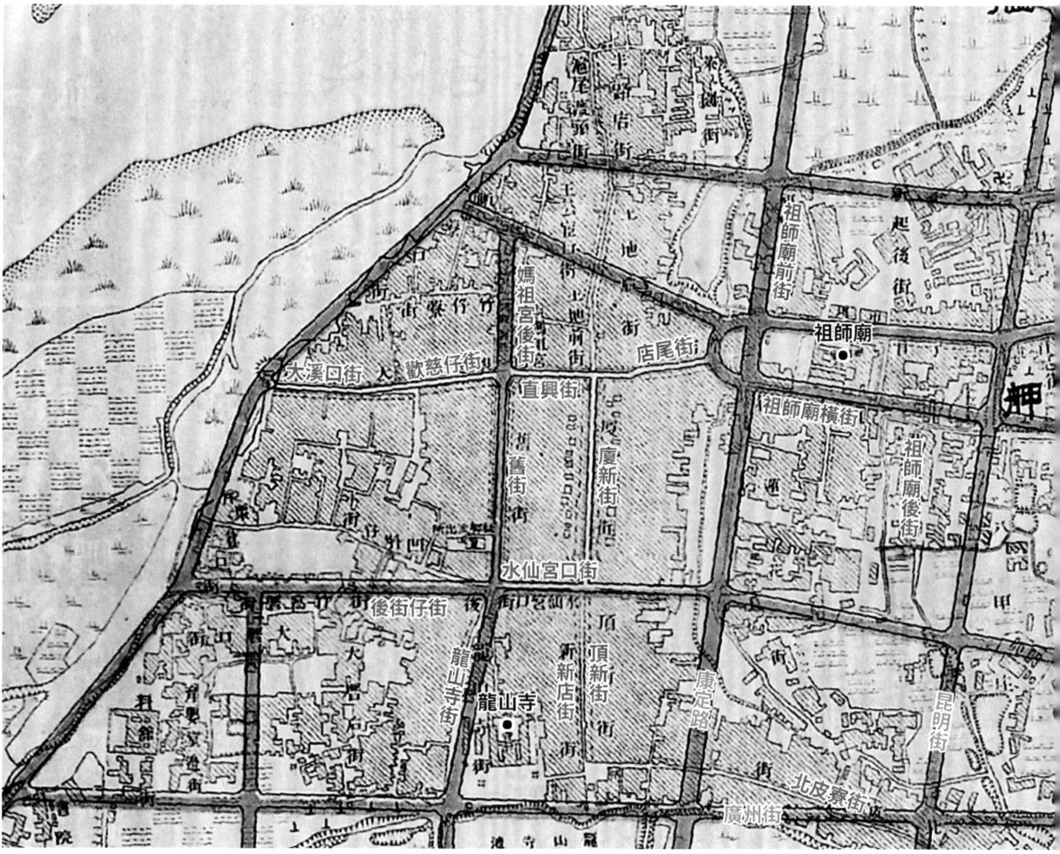

從 1907 年所作的「市區改正圖」中，可以知道日本政府很早就規劃了艋舺地區的市區計畫。（中央研究院人社中心 GIS 專題中心：臺北市百年歷史地圖提供）

7 剝皮寮

萬華地區目前仍保存有清代街道樣貌的，當推「剝皮寮歷史街區」。這裡位於清代艋舺核心的東南側，清代稱為「福皮寮街」，街尾為清代艋舺營盤駐軍所在，也是通往古亭庄的道路。古亭庄、景尾（今天的景美）可以經過這裡到艋舺港口，也因此清嘉慶年間就已形成市街。後來，因為「福」的臺語發音和日語的「北」相近，所以在地圖上被記為「北皮寮」，而「北皮寮」以臺語發音就成了今天的剝皮寮。

當地的耆老提到，因為以前從對岸進口福杉，曾在這裡進行剝皮加工，再作為高價建材賣到各地。「福皮寮街」或「剝皮寮」的名稱，很可能就是由此而來。

清代與日治初期原來呈曲線的街道，在經過日治時期的市區改正後，在龍山寺南側規劃今天的廣州街，並在原有的頂新街東側，祖師廟前方規劃今天的康定路，加上康定路東側的昆明街，使得原福皮寮街被截斷，只剩在老松國小南側的部分。

同時，原有街道成為後巷，也就是今天的康定路一七三巷。由於北側是老松國小，所以街道北側的街屋面向不變，而南側街屋則轉向，以原來的背面新作牌樓立面，面對廣州街，但原有正面仍保留，成為兩面店。而新開康定路後，原來的街屋在西側面新作牌樓，面對康定街，也就是今天康定路一六三號至一八一號。

康定路一六三—一七一號街屋現況（王惠君提供）

康定路一七五—一八三號街屋現況（王惠君提供）

康定路一六三—一七一號的五棟連續街屋立面為紅磚造，加上洗石子裝修，女兒牆上有加上紅色粉的格子狀裝修，呈現紅白相間的美感。上下推拉窗下方有呈現水平感的弧形花臺，下有牛腿，相當精美。這連棟建築是一九一〇年左右，臺灣人林禮設立之「永興亭船頭行」所在。「永興亭船頭行」旗下曾有三十餘艘運輸船，主要經營臺灣往來福州、泉州、漳州、廈門之間的航運貿易，兼營大陸福州杉木及石材等建築材料的販售。林禮的孫子林明陽曾說起阿公那代以前，即有帆船將福建福州的杉木運來臺灣，從淡水河邊的大溪口附近上岸後，用牛車把杉木拉到此地除去樹皮，販賣到各地作為建材。

林禮之子林佛樹為著名的經濟記者，曾經擔任《臺灣新民報》經濟版主筆，並著有《臺灣經濟要覽》、《臺灣經濟的基礎知識》等多部經濟相關著作；在一九四一年（昭和十六年）《臺灣新民報》改版為《興南新聞》之後，則擔任論說委員兼社會部長。一九四六年林佛樹在此創辦「臺灣經濟日報社」，每日發行量約為千份，直到一九五六年結束發行。

康定路一七五—一八三號亦為紅磚造的建築，正面窗下有洗石子裝修的花臺，加上窗戶上方的洗石子裝修楣梁，呈現紅磚與白色水平帶對映的特色。據說康定路與廣州街轉角處這個地點，過去是煤炭與木炭商聚集之處，曾被稱為「土炭市」。道路開闢後，土炭市逐漸沒落，因為廣州街上開有茶室，客人多為三輪車夫，又成為三輪車夫聚集之處。後來在一八一號開有新富興飲食店，由於經營者綽號為蜘蛛，所以客人又稱這裡為「蜘蛛麵店」。現在轉角的一八三號成為「萬華心願景」社區工作站。

廣州街上過去有長壽號茶桌仔店，騎樓也是當地居民聚會飲茶的空間。還有經營米店的宋協興商號，以及提供泡澡的鳳翔浴室。此外，據說清末國學大師章太炎，也曾在戊戌政變失敗後到此避難半年，居住在今天的廣州街一二三號，擔任

廣州街一二三號現況，據說章太炎曾經居住於此地。（王惠君提供）

《臺灣日日新報》漢文版的記者，發表了五十多篇批判清廷與對臺灣觀感的文章。而昆明街與廣州街轉角處的建築，曾經是京都帝國大學醫學博士呂阿昌所開設的「懷安醫院」。

「懷安醫院」外觀現況（王惠君提供）

康定路一七三巷內過去有旅館——日祥旅社、「茶桌仔店」——秀英茶室、道壇——威靈壇、裝訂廠——「臺陽製本所」等。這一小段巷道呈現出清代街道的尺度和空間特色，同時有些街屋內部仍然保存部分清代的建築樣貌，可以看出當時的建材和構造。而建築外觀則多呈現日治時期新作的立面或門面，各街屋分別歷經過不同的使用功能，訴說著不同時期的街區角色和故事。

康定街一七三巷是清代的老街（剝皮寮內部，王惠君提供）

8 日治時期的街屋

日治時期，由於傳統船頭行被新起的「會社」所逐漸取代，帆船也逐漸被汽船所代替。然而萬華仍因原有的地利優勢，以及新設的鐵路車站，繼續成為傳統商品的集散地。此時的產業類型包括金銀紙、中藥、稻米、蔬果、糕餅等，以及因應而來的服務業，例如飲食料理店、公共浴室、旅館等。染房則因日本人引進新式的染布技術和設立大型工廠，臺灣傳統染房只能小規模經營，數量漸漸減少，到昭和年間就只剩一間傳統染房登錄在官方紀錄上。原有的木材行則由原來南側的料館街，移至北側沿岸的三號碼頭周邊。

今日雖然仍保持當時既有的道路，但因為道路拓寬的關係，街道景觀已經改變了很多，目前在今天的貴陽街——原來的第一街，也就是從大溪口街、歡慈市街、直興街延伸到草店尾街之區域，尚保存一些外觀為磚造的立面，且有些建物的內部仍維持清代街屋構造。老明玉香號位於貴陽街二段一四九－一五五號，不但仍繼續經營傳統香燭業，外觀上使用日治大正時期最常用的紅磚，與對面曾為聚樂遊料理亭的紅磚街屋相互輝映。

老明玉香號現況（王惠君提供）

位於貴陽街與西園路交口處的朝北醫院，興建於一九三〇年代，曾是萬華最著名的醫院之一，與延平北路的仁安醫院並稱「北仁安南朝北」，創辦人李朝北為日治時期的名醫。由目前仍然留存在建築轉角立面的洗石子泥塑裝飾與有愛奧尼克式柱頭的裝飾柱，可以想見當年華麗的建築外觀。

朝北醫院現況（王惠君提供）

日治時期新開闢的街道內江街和廣州街，現在也留有日治時期市區改正後街道的特色。內江街與康定路口的連續型街屋，原來是江日益木材行，亦有精美裝飾的立面，平面呈完整的L型，街屋進深較淺，用以在內側留出空地堆放木材，還曾設有浸泡木材用的水池。廣州街除了剝皮寮側的街屋外，對面也留有日治時期現代主義風格的街屋，雖然被招牌擋住，仔細看仍然可以看出過去精心的設計。

原來的江日益木材行，位於內江街與康定路交口。（王惠君提供）

9 艋舺大道前的萬華林宅

位於艋舺大道與西園路一段交接處的市定古蹟萬華林宅，在西園路橋與鐵路地下化後，儼然成為當地的地標，獨特的外觀非常引人注目。

興建這棟建築的林家，在日治時期經營蔬果業成功而起家。原來住在艋舺後菜園街，出生於一八四六年（道光二十六年）的林細保，由於來臺時間較遲，生活相當艱苦，與黃家養女陳氏春結褵後，育有四子。林細保在一九一一年（明治四十四年）過世，新任戶長、林細保的長子林紅麻，在母親的教導下，兄弟四人齊心協力，創立家族事業，並建造了這座樓房。

出生於一八八四年（光緒十年）的林紅麻，早期從事苦力維生，後來成為泥水匠師。他的弟弟林惡水，生於一八八七年（光緒十三年），由流動攤販做起，與下面兩個弟弟林遍金與林金水共同經營蔬果批發工作，設立「林惡水商行」，有了積蓄後在一九三一年（昭和六年）購地自建這棟商行兼住宅的建築。

林宅所在地位於艋舺核心區的南邊，清代周邊尚未有建築出現。但是到了日治時期，縱貫線鐵道在一九〇八年（明治四十一年）竣工通車後，火車成為物資運送的主要交通工具。一九一八年（大正七年）艋舺車站遷至現址啟用後，臺北地區之民生日用品、百貨、蔬果，多由火車運到艋舺車站（一九二〇年改稱萬華車站）卸貨，運到各地販賣，成為各種物資的集散地。因此位於原艋舺街區南側的車站附近，由於地利之便，興起許多專門進行運送的商行，稱為運送店。林家應該就是在這樣的考量下，選擇在距車站不遠的地點新建這棟商行兼住宅的建築。

日治之初，林宅所在地為「下崁中石路四十五番戶」，一九二二年（大正十一年）廢街庄改為町後，行政劃分屬「綠町」，也說明周邊當時仍有相當多的菜園綠地，建築密度較低，比較容易取得較大面積的土地。林家在一九三一年（昭和六年）買下共約二百五十多坪的土地，但在一九三五年（昭和十年）實際進行設計時，詢問相關單位，才發現在臺北市新公布的都市計畫中，有一條計畫道路會斜切過土地中央。為了避免建好的新宅被拆除，林宅在建設時就沿著都市計畫道路設計，並將正面規劃在尚未開闢的道路上，而非原有的西園路上。不料這條計畫中的道路，一直到戰後萬大計畫後才開闢。在此之前很長一段時間，經過的人應該都會感到疑惑，覺得怎麼會有一棟斜斜的建

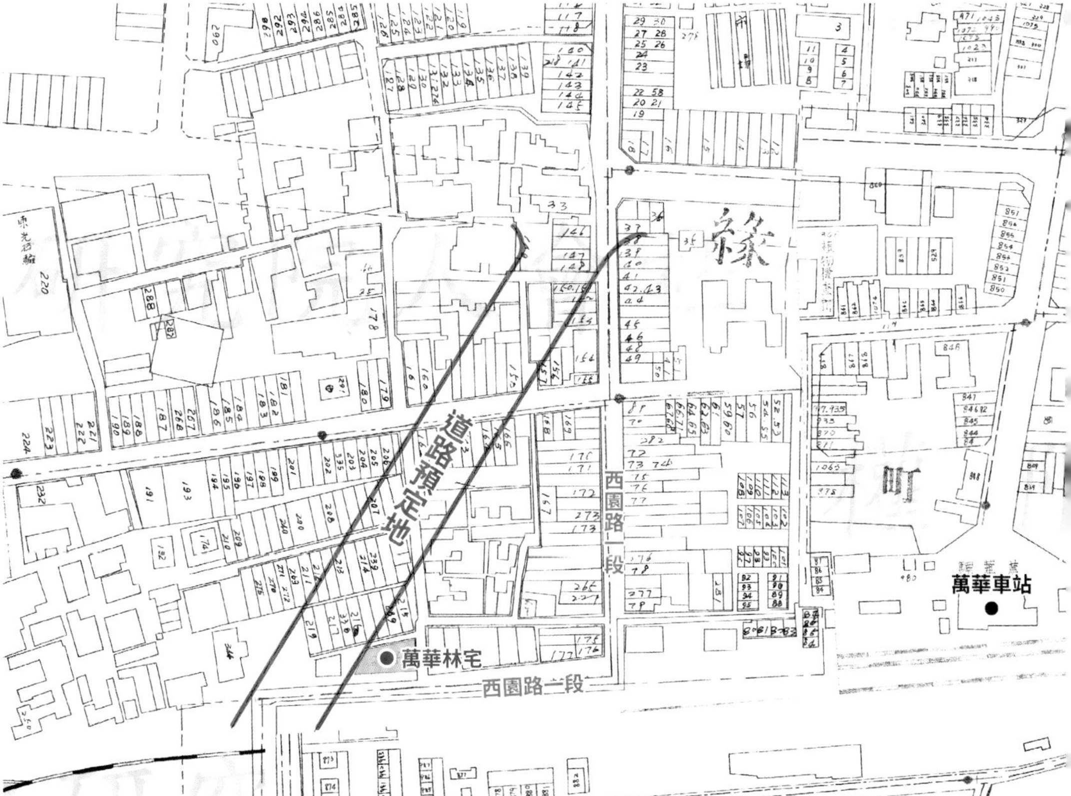

從 1940 年的「水道圖」可以看到中央的虛線斜向道路就是 1973 年才開闢的西園路，由於這條預定道路，萬華林宅只能順著道路線興建，形成正面呈斜向的建築。（中央研究院人社中心 GIS 專題中心：臺北市百年歷史地圖提供）

築在這裡，而且正面對著當時的小巷。一九七三年道路開闢後，為連接鐵道兩側的道路，使行車不受火車行經的影響，一九七四年在新闢的斜向西園路上興建陸橋，擋住了林宅，所以等到二〇〇二年鐵路地下化，陸橋拆除之後，才讓人重新發現原來有一棟這麼特別的建築存在。

由於林紅麻是泥水匠師，因此他自己與其他匠師一起設計和施工。建築都使用當時最好的材料，紅磚是日本人工廠「臺灣煉瓦會社」所生產的材料，因磚上刻有「臺灣煉瓦」的發音縮寫「TR.」，所以一般稱為ＴＲ磚，牆厚有三十六公分，也就是一磚半。屋樑中使用類似鐵軌的張力材，水泥採用淺野水泥（今天臺灣水泥公司的前身），所以整體來說屬於鋼骨混凝土加磚承重牆構造。每層樓高四．六公尺，建築相當堅固，即使建成至今已超過八十年，也沒有嚴重的損壞情形。日治時期這棟建築物與「金義合硝子」工廠同為下崁最引人注意的兩棟建築。

由於配合都市計畫中的道路和既有巷道，並且受限於土地所有權的範圍，林宅平面呈不規則形，面對後開的西園路段設有騎樓，立有三根形狀各不相同的柱子，室內也有三根柱子，將室內空間分為南北兩半，一樓分為客廳與儲放蔬果的空間，後面則是飯廳、廚房與浴室等服務性空間，二樓北半部為四房，南半部為二房使用，三樓北

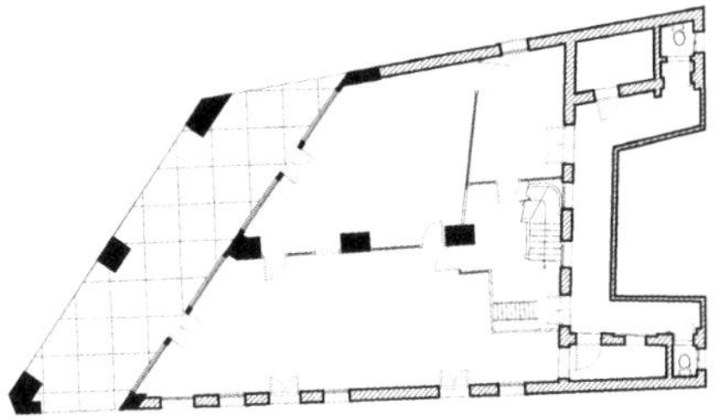

一樓平面復原圖 0 200 400 500 北

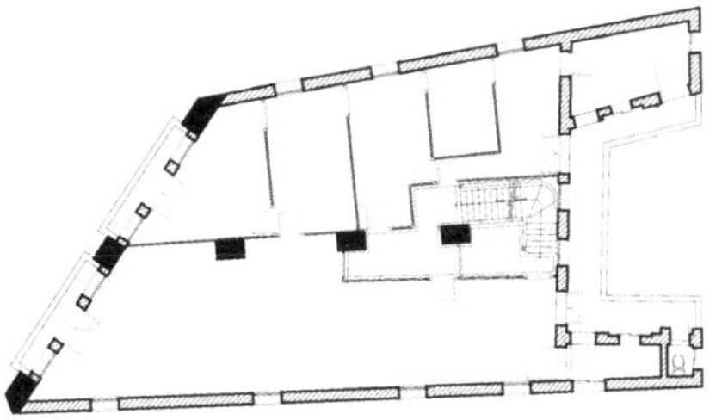

二樓平面復原圖 0 200 400 500 北

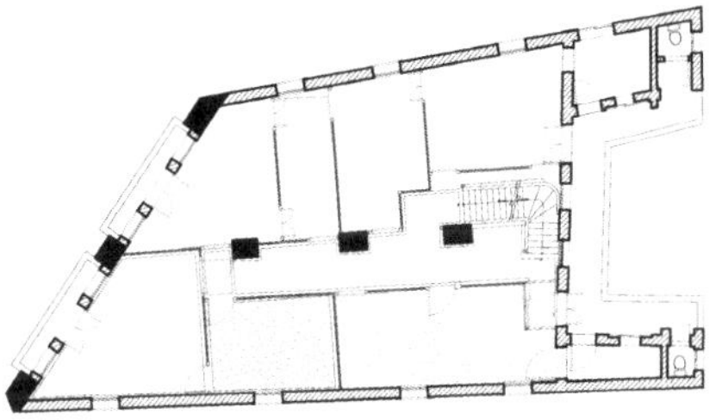

三樓平面復原圖 0 200 400 500 北

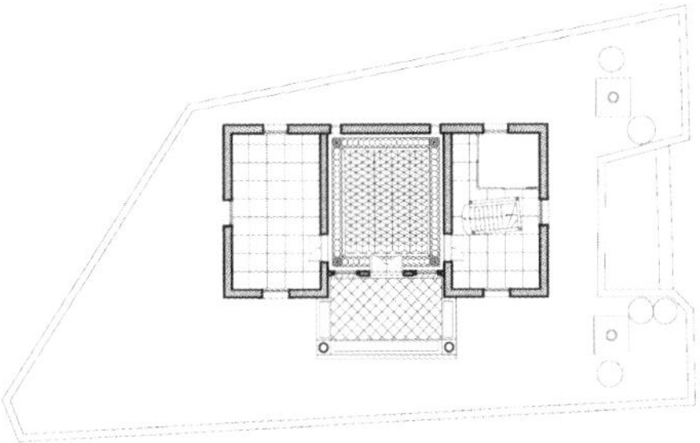

四樓平面圖 0 200 400 500 北

萬華林宅平面圖（王惠君提供）

半部為大房，南半部為三房使用。四樓是供奉神明，包括佛祖、媽祖、土地公與祖先牌位的公媽廳，兩側的房間西為客房，東邊則提供給兩位幫忙的婦人居住，也曾提供給日本警察於冬防時在頂樓休息和睡覺。人最多的時候，曾有五十人左右都住在這棟建築裡。

萬華林宅的一樓到三樓主要由紅色清水磚砌成，只有正面與騎樓貼有面磚，各層的陽臺欄杆則為洗石子裝修，二樓的欄杆為柳葉形鏤空，三樓的欄杆為菱形鏤空，在主要柱子三樓的頂端，還有橢圓形動章飾。北向側面紅磚牆上，二樓為方形窗，三樓為圓拱窗，雖然簡單，亦有律動的美感。四樓的公媽廳面積較小，不受下層的影響，呈正南北向對稱的配置。正面有門廊，四根柱子有仿西式柱頭，柱頭上還有生動的鴿子雕塑。前面的柱身有對聯：「門拱北宸祥浮紫閣，戶對南山瑞繞朱軒」；裡面的柱子對聯為：「門庭日耀世居棲穩，堂構雲集春氣象新」；門兩側的對聯則為：「西山延爽樸口宇，河嶽流形盪胸襟」。至今，仍可透過高樓間隙，想像當時由於這裡是較高的建築，可以遠望周邊山形水流的景象。

萬華林宅正面外觀（王惠君提供）

公媽廳屋頂為日式「入母屋」，也就是中國的歇山頂，上鋪日本瓦，屋脊上亦有日式鬼瓦。建築表面裝修以洗石子和磨石子為主，上述

萬華林宅側面外觀（王惠君提供）

的對聯就是以色粉加入磨石子中而成，非常精緻，製作耗時耗工，是相當難得的工藝。室內的裝修亦有精緻的木雕裝飾，在日式洋風的天花下，還設有臺灣傳統祖厝會有的燈梁，兩頭有螃蟹雕刻，其寓意為期待後代添丁登科甲。整體來說，可以說是融合臺灣式、日式、西式語彙設計而成的獨特建築。

昭和時期，林家經營的蔬果生意非常忙碌，四個兄弟和太太都從早忙到晚，外加上雇用的兩位婦人和年輕人共十人左右，都住在這裡工作。年終的時候，更是忙碌，連中學以上的小朋友都要加入到市場幫忙，還請佃農來幫忙以增加人手，每天送進送出的蔬果，包括洋蔥、馬鈴薯、百合根等，都堆成小山一樣高，交給丸萬貨運行，再由火車運到各地。

萬華林宅四樓公媽廳（王惠君提供）

公媽廳門兩側以磨石子裝修做成的對聯（王惠君提供）

「林惡水商行」在一九三三年（昭和八年）首度出現在「臺北市公設西門町食料品小賣市場」之零售商名錄中，一九三四年（昭和九年）記載於「臺北市中央卸貨市場名錄」中。實際上他們主要的業務有三部分，首先是蔬果的貿易商，包括日本特有蔬果的進口，及代理中南部蔬果的出口；接著是做為中盤商，將所代理的蔬果送到中央卸貨市場拍賣，並保留一小部分在自己的西門町市場零售；此外也作為總督府、鐵路局、臺北市役所、專賣局等政府機關的蔬果特約供應商。這樣的多角化經營，使得林家經營一代即能購地興建如此華麗堅固的建築。

除此之外，林紅廍在日治時期還擔任「保正」。林家也對艋舺地區的公共事務相當熱心，包括龍山寺、青山宮與三重先嗇宮都有他們捐獻的紀錄。

然而，伴隨第二次世界大戰戰局逐漸緊繃，一九四三年（昭和十八年）下半年，為全力支援戰場需求，日本政府設立「統制會社」，統一管理配售肉類、家禽類、蔬菜、糖、麵粉、米等，因此林家只能停止蔬果買賣生意。戰後，子孫各自分立，走向不同的發展領域，就不再延續原有家業。現在林家後代因為古蹟萬華林宅的修復活用課題，重新聚集一堂，共同貢獻智慧與心力，蒐集過去的林家文物，舉行展示活動，再度重現萬華林宅的光輝，而林家特別的平面配置圖，也成為這棟建築的標誌。

結合萬華林宅平面圖與「林」字而成的ＬＯＧＯ（王惠君提供）

走訪萬華林宅，除了建築本身的特色之外，建築後側懸空的繫梁上，以及四樓公媽廳門廊的鴿子裝飾，可能也會引起細心訪客的好奇。這個特別的裝飾，背後隱藏的是令人感動的媽媽的心聲。原來設置鴿子裝飾的用意，是因為林家的母親希望如果有一天兒女們出外發展，無論鴻圖大展，或是路途坎坷，都要像鴿子一樣，記住回家的路，並且回到家人的身邊。這或許也可說是天下父母共同的心願吧。

建築後側繫梁上的鴿子裝飾（王惠君提供）

10 從學海書院到老松公學校

學海書院

位於艋舺西南側河岸附近的學海書院，是臺北市僅存的書院古蹟，也是臺北市最早的教育設施。一八三七年（道光十七年），由淡水同知婁雲發起而興建，並在下一

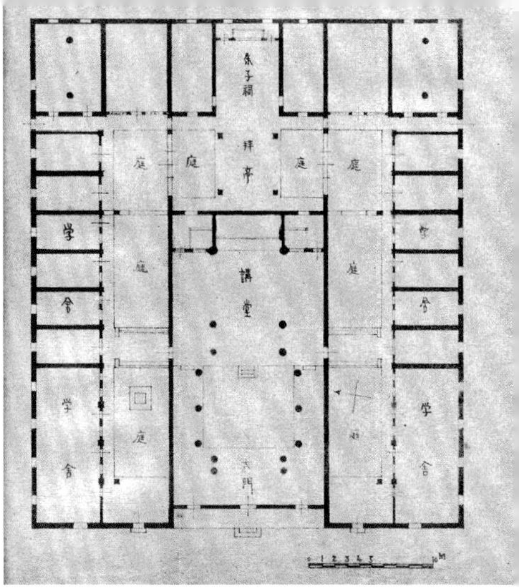

日治時期學海書院平面圖，出自田中大作《臺灣島建築之研究》（臺北科技大學收藏）

任同知曹謹任內，一八四三年（道光二十三年）落成，因艋舺之地名，而取名為文甲書院。一八四七年（道光二十七年）閩浙總督劉韻珂巡視艋舺時，題寫「學海書院」匾額，因此而改名。學海書院建築設計左右對稱，配置講堂、朱子祠與學生居住的學舍二十多間等，是當時北部具有相當規模的書院。

一八九六年（明治二十九年）臺灣總督府設立國語學校時，校址設在芝山巖，國語學校隨即分設附屬學校三處，包括校址所在的第一附屬學校，艋舺的第二附屬學校與大龍峒設第三附屬學校。當時國語學校臨時事務所和艋舺第二附屬學校都設在修復中的艋舺學海書院。

學海書院修繕完工後，當年十一月二日開始授課時學生為十一名，年齡最長者有二十四歲，最年少者為十三歲，學生有木材商、農夫、教師、畫工和其他各種商人，學習的課程包括日語、臺語、翻譯和體育。翌年由於國語學校編纂課也遷入學海書院，同時為了提供學生寄宿空間，書院空間已不敷使用，所以將學校移至艋舺清水祖師廟。

學校與清水祖師廟簽訂租借協議，每月付六圓給廟方，佛堂與僧侶住所之外的廟舍都借給學校使用，但不能毀損柱石，將來必須以原狀還給廟方，同時農曆七月十八日至二十一日安溪人舉行齋會時，學校必須放假，或移至其他地方上課。由協議可以知道祖師廟雖然借用為學校，但仍維持原來的建築狀況與重要活動。

到了一八九七年（明治三十年）四月，第二附屬學校學生人數已達到一百零五名，平均每日出席者約有八十五人，教師人數為八人。

次年一八九八年（明治三十一年）三月預計招募學生六十名之時，申請入學者已逾數限，可以看出學校已步上軌道。同年由於第一及第三附屬學校皆改制為「公學校」，因此位於艋舺祖師廟的第二附屬學校改稱為「臺灣總督府國語學校第一附屬學校」，校舍繼續使用艋舺祖師廟，並且以學海書院作為學生宿舍。

艋舺公學校

一八九九年（明治三十二年），艋舺仕紳提議興建「公學校」，並返還祖師廟及學海書院。在一九○○年（明治三十三年）二月時，第一附屬學校學生總人數已近四百名；十月臺北辨務署召集艋舺仕紳富豪，共同商議在艋舺設置「公學校」一事，希望以大稻埕地方為鏡，大家共同捐款建校。

一九○五年（明治三十八年），第一附屬學校於祖師廟內的學生人數有三百九十五名，龍山寺女子部有一百三十三名。隨著學生人數的增加，「公學校」的新設確有其必要，一九○七年（明治四十年），終於決定在艋舺蓮花街，原有水池和周邊的土地上，正式設立「臺北艋舺公學校」，同時也作為國語學校師範部學生之教學實習學校。

負責艋舺公學校校舍設計的，為負責前一年落成之臺北第二小學校遷建工程設計的同一位設計者，也就是土木局技師近藤十郎，他與曾經在德國留學，當時在臺灣的松崎萬長合作設計，並由佐藤組承接營造工作。此外由於當時校地上尚有民宅，因此在校舍新建工程的同時，亦需遷移民家。這次建校工程自一九○七年（明治四十年）五月開工，工程費用約五萬多圓，完工後艋舺祖師廟及龍山寺的學生於十月二十日遷入。當年在《臺灣日日新報》九月二十一日的報導中，關於新設的艋舺公學校，有以下的記載：

「校地為艋舺地區人民所捐贈約四千坪，收購的費用約四千四百餘元。該校自明治二十九年十一月二日開校以來，每年皆以同日為紀念日；待轉移之後亦將於十一月同日舉行。而落成後的該校將是本島最具規模的學校。」

同時，十一月十六日的報導中，更對學校建築有詳盡的描述：

「（艋舺公學校）是衛生且符合熱帶地區的校舍設計，並高於鄰近道路二尺的校舍敷地，週圍皆以嶄新的木隔柵用以圍塑校地；混凝土基座的建築物三棟各四十八間寬。第一棟的中央為穿堂，右側依序為主事（校長）室、職員室、教生室（實習教師辦公室）、歌唱教室及小使室（工友室），左側則為圖書室、宿直室（值夜室）、陳列室及手工教室；第二棟的右方為四間一般教室與女用廁所及盥洗場，男學生的四間教室、廁所及盥洗場則在左方；第三棟的中央為長、寬各七間與十二間的大講堂，左右各有二間教室；總計有二十二室與外部連結的三室。此外還有分別提供男、女學生放置雨具的場所……男女分別使用的盥洗場長寬為五間餘與二間，有二十餘處的水栓提供清洗之用，因臺灣女性素來介意於當眾裸露手、足之肌膚，因而設有門扇以供遮蔽；使用過的汙水將順著混凝土造的基座排向下水溝，而不至於留滯於內。除了校舍之外，戶外的廣大空間則做為運動場及全校講話用集會所；建築物棟與棟之間大約二間寬的距離，植有相思樹以增添校園內之美感。建築面積八二四坪，教室面積二八六坪，運動場面積一四九二坪，基地共二九〇一坪。」

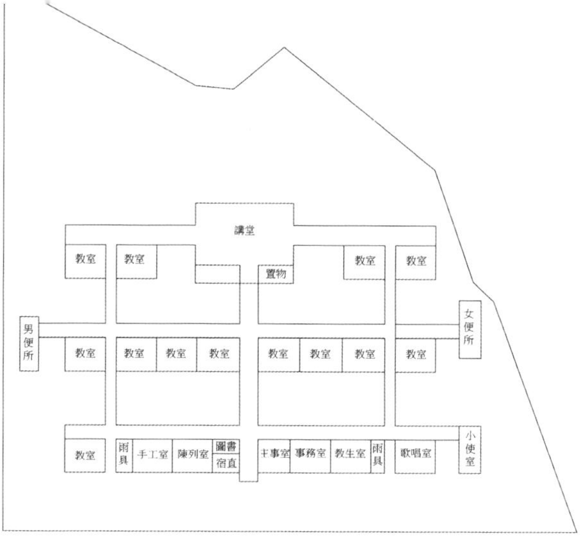

明治四十年（一九〇七）之艋舺公學校配置示意圖（依台北市政府教育局所藏之原圖重繪）

明治 45 年（1912 年）之艋舺公學校外觀（艋舺公學校校舍，1912，臺灣圖書館提供）

可以知道艋舺公學校新建之初即具備完整的各種建築和設施，另外校地內還設有農園，讓學生可以學習耕植。落成後的「臺北艋舺公學校」，同時也是「國語學校第一附屬學校」，配合國語學校師範部的教學實習所需，採取二部教學的形式，也就是分出部分學童在不同時段上課。同時，艋舺公學校也借用三間教室給國語學校附屬女學校，由校門之舊照片即可看出當時兩校合一的狀況。

一九一一年（明治四十四年）時，艋舺公學校的學生人數已達七百一十六人，由於人數持續增加，翌年初便再度出現關於校地擴大的報導，記載由於學童人數的激增而使校地漸感狹隘，同時對艋舺

艋舺公學校校門，門柱上也標示著國語學校附屬女學校。（國家圖書館提供）

在地人來說，學童進入「公學校」就讀也漸成共識，因此在地居民已開始商討如何集資以購置校地。計畫以七萬元的資金，以四年為期，逐步進行擴建，預定每年可增加三個班級數一百八十人至四個班級數二百四十人。

由於校地南側即為北皮寮街，已經有密集的街屋，從一九〇七年（明治四十年）的校舍圖中，就可看出艋舺公學校只能興建在東北隅，校地也呈三角形。一九一三年（大正二年）五月，收購了四十九戶，在他們遷移後，學校可增加三千坪的校地，同時校地也能成為規整的長方形。這一年即新建講堂一座、教室八間、倉庫及廁所等。同時由於前一年連續發生兩次風災，因此也將教室改為較堅固的磚造二層樓建築。

但在艋舺公學校校地擴大的土地收購過程當中，發生原來住在艋舺蓮花街一二一番號的原書房教師，因其住宅緊鄰於艋舺公學校，正屬於學校預計收購之地，在無法推辭的情況下竟然尋短的事件。透露出在校地擴大的過程裡，某種程度是以強制的方式進行土地徵收。

一九一六年（大正五年）八月時，臺北艋舺公學校學童數已達一千零二十五人，而附屬女學校已於前一年遷往他址，因此還不包括在內。後在一九一八年（大正七年）時曾因八甲庄練習所發生之火災所波及，導致「屋內體操場」局部被燒毀。

由希望入學者與獲得入學許可者的統計資料來看，一九一七年（大正六年）申請者有一百九十五人，許可者為一百二十人，一九一八年（大正七年）申請者四百七十八人，許可者一百七十二人，一九一九年（大正八年）申請者三百八十人，許可者二百二十人；可知希望入學的人數遠超過得到許可的人數。因此，在一九一九年（大正八年）又在艋舺地區另外設立第二公學校，也就是後來的龍山公學校，而艋舺公學校則改稱艋舺第一公學校。

一九二一年（大正十年）五月三

日，艋舺第一公學校不幸發生火災，木造事務室一棟燒失，重要書籍等皆付之一炬。起火時為學校休課期間，雖然留宿教師及八甲鄰近之消防組合力撲滅，但由於火災歷經約一個半小時，整個事務室僅存東北角窗扇數個，除此之外，在穿堂及附近教室走廊，也因為同為木造並且塗附含有油質成份的羊干漆，使火焰所到之處均呈焦黑，好在由於火勢及時被撲滅，還不至於燒毀穿堂及附近教室的走廊，且未波及到一般教室。

火災發生以後，當時的臺北市長同意重建燒毀的部分，並且暫由手工教室充為事務室使用。在一九二二年（大正十一年）艋舺第一公學校的增建計畫圖中，將原本位於第三棟的講堂改建為木造教室四間。一九二五年（大正十四年）又將第三棟的中央兩間教室改為事務室，其中並包括校長室與值夜室。仍然維持原有的三棟木造校舍、一棟二層磚造校舍，以及南端的講堂兼「屋內體操場」。

老松公學校

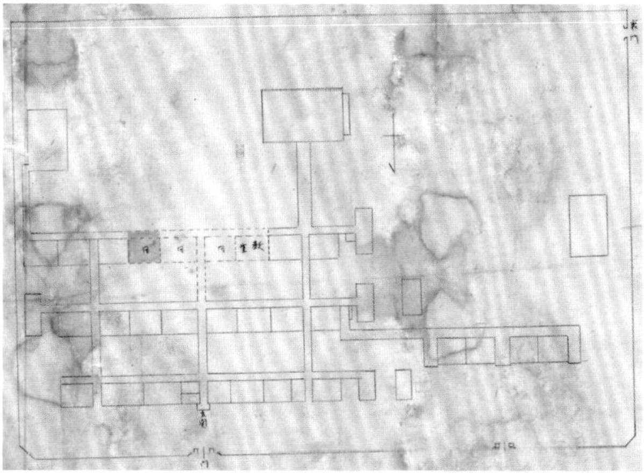

一九二二年艋舺第一公學校增建計畫圖，可看出原有的講堂改建為教室的設計。（國史館提供）

一九二二年（大正十一年）各校皆改為以町名為校名，所以艋舺第一公學校也改名為「老松公學校」。一九二四年（大正十三年）九月，老松公學校又改制為「臺北師範學校附屬公學校」，附屬學校另外有研究與作為模範的任務，比起一般學校擁有更優渥的資源，較附屬代用公學校更為重要。不過，一九二七年（昭和二年）起臺北師範學校分為第一與第二師範學校，也將附屬公學校由老松公學校改為大安公學校。其中原因包括老松公學校有二十八班，相較於大安公學校各年級有二班，加上高等科一班共有十三班，在班級數來說大安較為適合；再加上大安公學校位於新開發的地區，周圍都是田園，環境也較萬華更為安靜單純。

一九二九年（昭和四年）十一月

二日，老松公學校創校紀念日的當天，由家長會捐資興建的「奉安殿」，同時舉行了落成典禮，位置就在講堂的東側。

一九三二年（昭和七年）臺北市長在巡視了各學校之後，深感由於學童、班級數量的增加，使得各校教室已明顯不足，且設備不周全，因此將以舉債的方式，令各校得以增建或改建。

在一九三四年（昭和九年）的校舍配置圖中，將改建校舍成U字形的配置方式，以在中間留設大運動場。同時具體記有此後各年度逐步進行的改建計畫，內容中指出「臺北老松公學校」自建設以來已歷時三十載，其間屢受風災水患之苦，腐朽損壞情形甚鉅，而有迫切改建的需要。這一年即將講堂改建到東南角的位置。其他部分則將由一九三六年（昭和十一年）起由年度預算中撥款陸續進行改建。

實際上，一九三五年（昭和十年）所發行的《臺北市學事要覽》記載的「臺北老松公學校」改建計畫中，當時的校舍建築包括有二層鋼筋混凝土造及木造校舍，其中的木造校舍部分即為舊有校舍，而已經新建完成的東北側校舍則是鋼筋混凝土造的建築。

之後，也有民眾捐款增建升旗臺，落成於一九三七年（昭和十二年）；其後並增立楠木正成、乃木希典二座銅像於升旗臺兩側，以及有別於上述兩位不同時代的武將，代表勤學典範之二宮尊德像立於入口玄關處。在校園中設立的這幾座銅像，事

前方立有二宮尊德像的新校舍（老松國小校史網站提供）

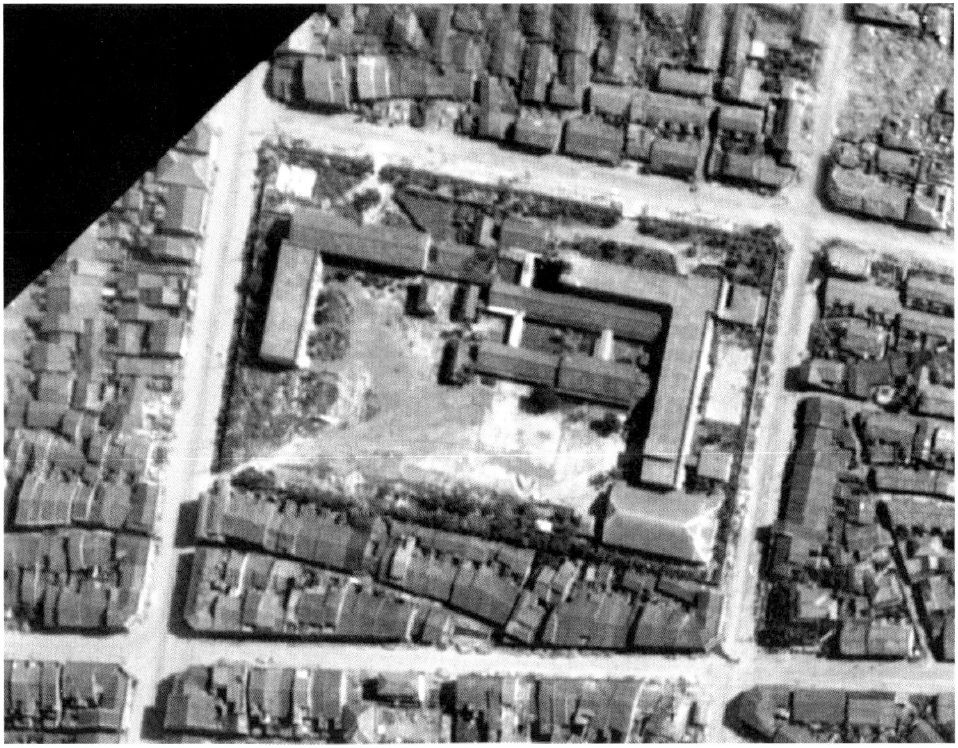

從 1945 年美軍所拍攝的航照圖中，可以看到興建完成位於東北側呈 L 型的教室，但中間仍留有兩棟木造校舍。（中央研究院人社中心 GIS 專題中心：臺北市百年歷史地圖提供）

實上也反映出當時的時代氛圍與日本教育之價值觀。

然而，到了二戰後期，各種物資都必須投入戰場，特別是金屬類，為戰爭期間的重要資源。老松國民學校亦於一九四三年（昭和十八年）將乃木希典銅像與二宮尊德銅像捐給陸軍，而楠木正成銅像與另一座二宮尊德銅像捐給海軍，皆作為武器的材料。

可能是因為戰爭物資不足的關係，直到戰爭結束，改建計畫並未全部完工。從一九四五年的航照圖來看，新建了位於東北側呈L形的教室，以及西側的部分教室，由於未全部完成，所以原來的第二棟與第三棟木造舊校舍也未立即拆除，直到戰後才陸續拆除舊校舍。一九五五年原來的西北棟磚造二層校舍拆除後，興建了三層樓鋼筋混凝土校舍，與東北側的L形教室和

楠木正成

楠木正成（一二九四－一三三六）生於鎌倉幕府末期，他一生效忠後醍醐天皇，儘管當時幕府擁有強大的軍力，但正成運用各種靈活戰術，在推翻鎌倉幕府、中興皇權的過程中扮演了關鍵性的角色。然而後來在湊川一戰中，因兵力懸殊，在高喊三次「一生殺敵、七生報國」後，取短刀與三弟正季互刺身亡，結束四十二歲的生命。後代被稱讚為智仁勇兼備之良將，特別是明治維新後，日本政府為了擁護天皇制，對正成其人其事更大力宣揚，興建湊川神社奉為「軍神」，並將其事蹟寫進中小學教材。因此，二次大戰之初在各學校興建楠木正成的銅像，可以想見是為帶起學子效忠天皇，甚至為國捐軀的意識。

二宮尊德

二宮尊德（一七八七－一八五六年）是日本勤學的模範。由於他小時候，家鄉遭遇洪水，導致家境困難，接著十四歲時父親又病故，他必須白天砍柴，晚上編織草鞋，以幫助母親維持家計和照顧弟妹。在艱困的環境中，他仍然努力學習，長大後成為著名的農政專家。他的故事被寫在明治時期的修身教科書「文部省唱歌」歌詞中，同時他一邊背柴，一邊讀書的銅像，也被樹立在校園中，鼓勵學童勤奮向學。在日本國內，可能是在各學校中設置數量最多的銅像。

乃木希典

乃木希典（一八四九－一九一二）為明治時期武將，在中日戰爭中建立戰功，後來又參與接收臺灣時，對當時的反抗組織的征戰。因此在一八九六年（明治二十九年）奉命擔任臺灣總督，這段時間他將日本教育勅語翻譯成漢文，積極推動臺灣人的教育，施政時也考慮臺灣原有的風俗習慣。但是他卻與民政局長和其他官吏發生激烈對立，在第二年（一八九七年）就辭職回日本。日俄戰爭時，他擔任第三集團軍司令官，晉升為陸軍大將，雖然後來仍然獲得勝利，但他在負責指揮的旅順會戰中因導致官兵傷亡慘重而遭受嚴厲的批評，包括他自己的兩個兒子也在此役中犧牲，他雖然想以死謝罪，但是明治天皇任命他擔任學習院院長，負責教導皇孫裕仁（即後來的昭和天皇），使他也成為教育家。後來明治天皇過世時，他和妻子靜子參加天皇的葬禮後，皆在自宅自殺殉死，死後他的故居等多處興建有乃木神社。他為天皇殉死的精神，可能也是當時希望帶動的情操，加上他和臺灣與教育界的關係，使得學校會決定在他離開臺灣多年以後，還特別設置他的銅像於校園中。

西側的教室相連，才真正形成完整的「U」字型配置型態。今天留存下來的昭和時期興建之東北側與西側校舍，因後來在其上增建一層，成為三樓建築，而留存至今，目前與操場一起被指定為臺北市市定古蹟而受保存。

雖然二宮尊德銅像已於二戰期間捐出，但在一九九九年整理前庭花園時，家長會長捐款製作二宮尊德石雕像。目前與老松商業學校的開校紀念碑共同立在庭園中，在校園的一角，呈現出曾經在學校歷史上有過的一頁。

從老松國小的建校歷程中，可以知道在過去繁榮的萬華地區，當地的教育設施具有指標性的意義，使得學校在興建之初就是由當時的菁英建築家所設計，考量通風日照，呈南北向的並列的建築配置。後來因為教育政策的改變，以及建築材

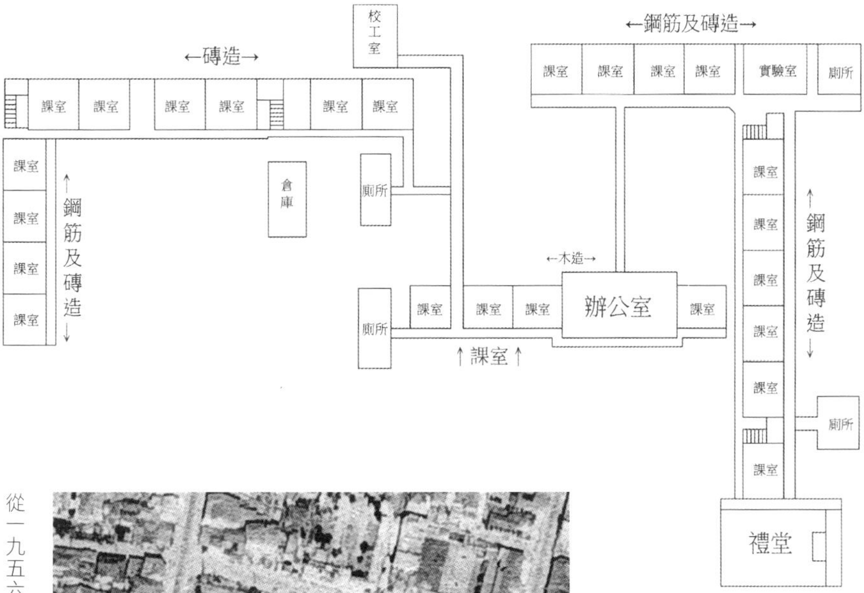

一九四六年校舍配置示意圖，中間留有一棟木造校舍。（依臺北市政府教育局所藏原圖重繪）

從一九五六年之航照圖中，可以看到校舍已依據原有的設計，完成呈U字型的平面配置。（中央研究院人社中心GIS專題中心：臺北市百年歷史地圖提供）

料與構造的發展，逐步改建為鋼筋混凝土造的校舍圍繞著中間的廣大操場，以供學生活動的U字型配置。在不同的時間點，都可以說是當時最先進的設計，今天留下來的校舍可以說是學校發展過程的重要史證。

上｜現存日治時期興建位於東北側呈L型的教室（校舍現況，王惠君提供）

右下｜家長會捐款製作的二宮尊德石像，可以看到他揹著木材還一面讀書。（王惠君提供）

左下｜ 1946 年在老松國民學校設立「老松初級中學」，校長由國民學校校長兼任，次年改為「臺北市立老松商業職業學校」。後來，先成為「臺北市立初級商業職業學校」分校，之後成立高級部，成為「臺北市立商業職業學校」，獨立後更名為萬華商職。1961 年原有學生撥入士林高級商業職業學校而成為歷史。只在老松國小校園內留有同學會於 1954 年設立之「老松商校發祥紀念碑」。（王惠君提供）

龍山國小

雖然艋舺地區已經設立了艋舺公學校，但是隨著希望入學的艋舺兒童人數逐漸增加，原有公學校已無法容納，必須增設第二所學校。一九一九年（大正八年）決定設立艋舺第二公學校，在校舍興建時期，先暫時借用艋舺祖師廟為臨時校舍。一方面招收一年級新生五十人，並且由原來的艋舺公學校，此時已改名的艋舺第一公學校，撥出二年級到五年級的一半女學生給新設的第二公學校，共有五班。當第一公學校集合女學生至講堂，說明已經新設第二分校，接著唱名必須轉至第二公學校的女學童姓名時，女學童因為會和同學分開而難過得啜泣起來。

由於當時臺北女子高等普通學校亦借用祖師廟廂房作為宿舍。因此，空間相當擁擠，學生桌子都併在一起上課，下課時只能繞著祖師廟中的柱子追跑玩耍。

另一方面，學海書院原來作為國語學校的事務所，後來成為教師宿舍，新設艋舺公學校後，學海書院也因年久失修，所以總督府就公開招標出售，由高姓家族購得並進行整修，成為高氏宗祠。艋舺第二公學校的校地就決定設在其前方約三千坪的廣場。

由於龍山寺以南的區域本來就比較低，常因積水而引發蚊蟲孳生與惡臭，因此一九二〇年（大正九年）政府決定進行填地，之後可興建商店、住宅，以及第二公學校與仁濟院。新校舍於一九二一年（大正十年）四月開工，十一月底完工，十二月二一一日學生們向祖師廟神像敬拜並告別，次日即到新校舍上學。

這一年完成的北側正面校舍包括有職員室、應接室、普通教室八間、特別教室二間、圖書室、標本室與倉庫等共三百七十四坪，接著繼續興建南側的室內體操場兼講堂。校舍正門前，還種植來自植物園的樹苗，並在講堂前種竹柏。

一九二二年（大正十一年）起，因位於龍山町，學校改名為龍山公學校，並成為由臺北女子高等普通學校改名之臺北第三高等女學校的附屬代用公學校，也就是成為女學校希望從事教職者之實習學校。

一九二四年（大正十三年）進行的增建計畫中，確立了未來預定興建教室的配置、形式與構造，一九二五年（大正十四年）先建造東側兩層共八間教室，一九二六年（昭和元年）完成西側六間教室，以及西南角的二間教室，大致形成口字型的配置方式。之後，一九二九年（昭和四年）奉安殿落成，一九三一年（昭和六年）治療室設備完成，一九三二年（昭和七年）洗身室完成。

從一九三一年（昭和六年）到一九四一年（昭和十六年），學童人數不斷增加，班級數從二十七班增加到三十九班，教室數量也必須增加，但相對的本來規定要有的特殊教室就只好減少，一九三三年（昭和八年）時只剩料理教室和圖畫教室二間。

二次大戰期間，臺灣總督府於一九四一年（昭和十六年）修正「臺灣教育令」，頒布「國民學校令」，學校也改名為龍山國民學校。

戰後一九七〇年代興建現在的信義樓，拆除最早興建的北棟教室建忠孝樓，一九八四年增建仁愛樓教室，一九八六年聯絡走廊完工，仍維持原有的口字型配置，但原來的校舍就沒有留存下來。整體而言，從龍山國小過去學童人數增加以及

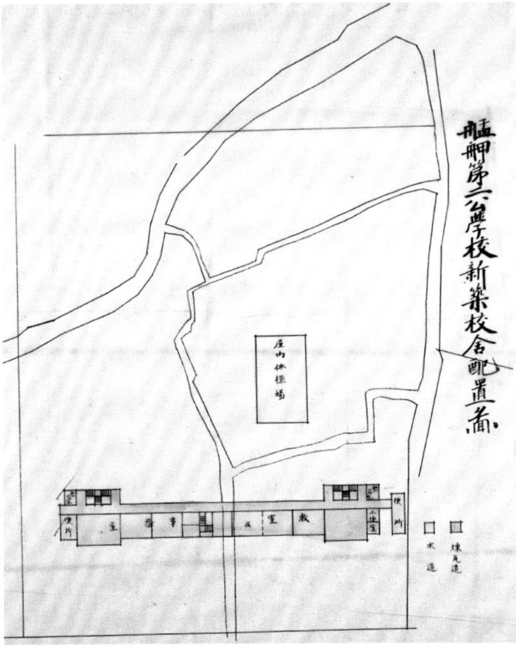

1921 年艋舺第二公學校之校舍規劃圖（國史館提供）

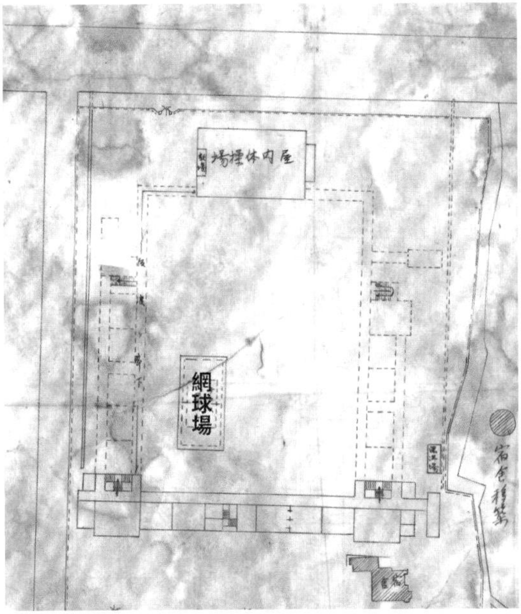

1922 年校舍規劃圖中，已確定呈口字型的配置方式，但實際上 1924 年才開始陸續增建。（國史館提供）

校舍增建的過程，可以知道萬華地區熱心向學的狀況。同時由於龍山國小初建時為大正時期，所以校舍為當時最普及的紅磚造，並為了留有夠大的操場空間，一開始就規劃為「口」字型的配置方式，後來雖然因為改建為較高樓層校舍而被拆除，但目前仍然呈現原來規劃的平面形式。

1936 年龍山公學校上工藝課的照片（國家圖書館提供）

第3章 CHAPTER

【西門町】

今天再度成為年輕人流行天地的西門町，清代還是一片荒蕪的低地，自日治時期開始才成為新起的繁華區，所以有「新起街」之名。因為在日治之初是日本人慣常聚集的地方，令許多人留下深刻的回憶，所以《臺灣日日新報》中，對於日治初期的西門地區發展過程也有相當多的記載和描述。

日本人剛到臺北時，清末興建的城牆外有做為護城河的大水溝，旁邊有鋪著卵石和石板的小徑通往大稻埕和艋舺，此外幾乎就是一片田野和竹林，日治初期甚至還有強盜出沒，晚上如果一個人走過這裡是相當危險的。臺北城西門是聯絡艋舺的城門，出城門後即以斜向西南的道路連接艋舺，這條道路後來就名為「新起街」。其北側之西城牆外，是一片面積約十二萬坪，平均

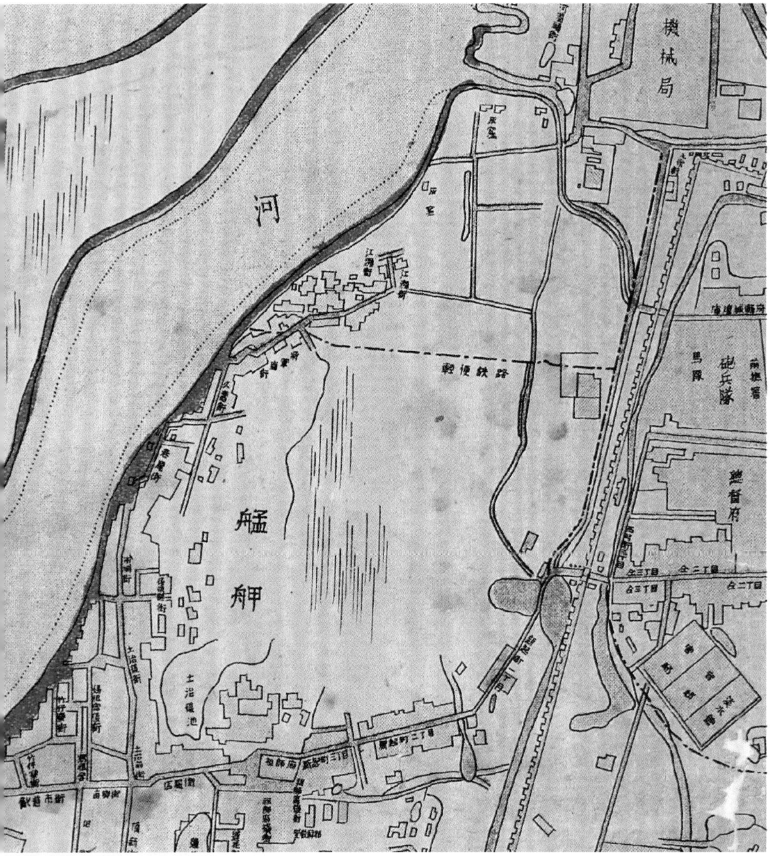

從 1897 年的地圖中，可以看到當時的西門外，仍是一片經常積水的低地。（中央研究院人社中心 GIS 專題中心：臺北市百年歷史地圖提供）

地勢較臺北市區低約四公尺，經常積水的低地，這片低地成為艋舺與大稻埕之間的天然阻隔。只有在臨淡水河邊有小群建築，也就是當時稱為「江瀨街」的地區。

一八九九年（明治三十二年）完成臺北—桃園線鐵道的測量後，考慮路線上之坡度、迴轉半徑等問題，而決定將原來大稻埕經臺北橋到新莊的路線，改為經臺北城西側到萬華，再到板橋。次年一九〇〇年（明治三十三年）的暴風雨導致原有鐵道經過的淡水橋（即後來的臺北橋）被吹毀，軌道也隨之毀損，更使得臺北至桃園間的鐵道改修工程必須儘快進行。

在一九〇〇年（明治三十三年）的市區計畫中，可以看到鐵道規劃的位置，當時並在各面城牆中新開門以方便通行。臺北通往桃園的新鐵道花了二十五個月的時間施工，於一九〇一年（明治三十四年）通車。在一九〇三年（明治三十六年）的地圖中，可以看到因為興建火車轉彎必須設的弧形軌道，已經拆除了城牆西北角的一部分。同時，沿著西城牆到「新起街」，已經增加了一些建築群，西門以北稱為「西門外街」，通往艋舺的道路兩側稱為「新起街」，「新起街」北側新形成的街道則稱為「新起橫街」。

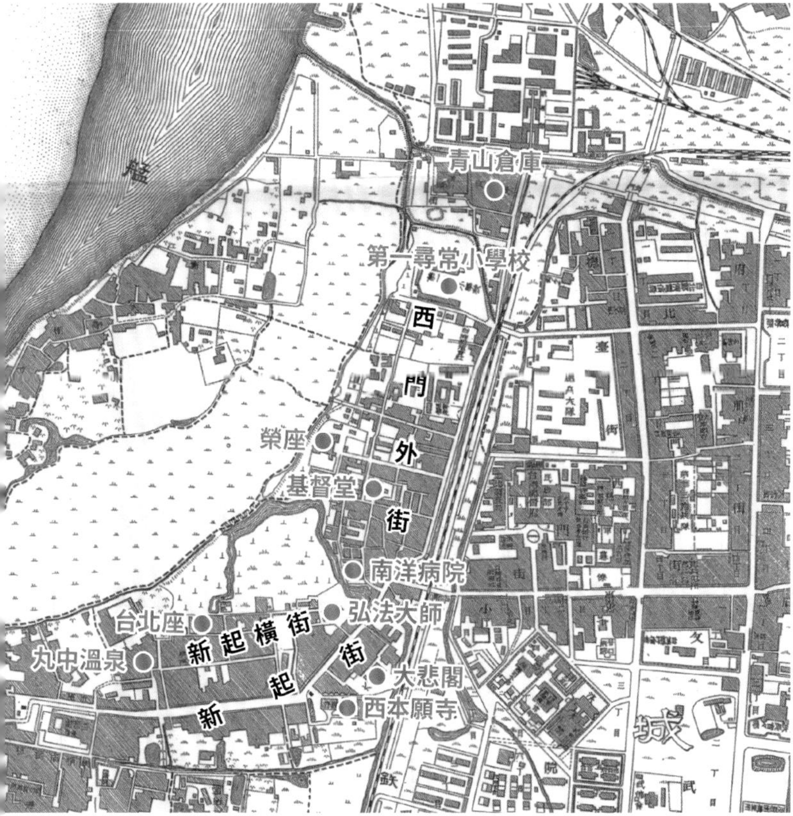

在 1903 年的地圖中，已經出現鐵道、新起街、新起橫街、西門外街，以及沿街新增的建築。（中央研究院人社中心 GIS 專題中心：臺北市百年歷史地圖提供）

1 日治初期的建築和風情

「西門外街」

「西門外街」的建築，在一九〇三地圖上由北到南，標示有青山倉庫、第一尋常小學校、臺灣拓殖會社、陸軍倉庫、榮座、基督堂、南洋病院、弘法大師堂。「新起橫街」有臺北座、日蓮宗。「新起街」則有西本願寺、大悲閣等。這些建築大部分是在一八九七年（明治三十年）至一八九八年（明治三十一年）以後才興建完成，因此都是日式建築。

位於清代機器局南側，離北門不遠的「青山倉庫」為青山幾太郎所經營，在日治之初即已興建相當壯觀的倉庫，成立倉庫會社，但後來沒有繼續經營。南邊有河溝流過，河溝南邊就是一八九九年（明治三十二年）設立的第一小學校（亦為後來的末廣小學校）、今天的福星國小。

據說「西門外街」的第一棟建築是由田村組的田村千之助所建，位置在「西門外街」派出所旁邊。田村組是營建包商，還在澀谷組所承包之魚市場中擔任小包商。魚市場後來被改建為一般建築，其中一部分為安濟源一郎之住居，他也曾在此發行「臺灣週報」；除此之外，此區域周邊還有淺田材木店和料理店等，並有以竹林圍起來，利用原來的臺灣人家屋所改造的簡陋劇場。劇場的觀眾席僅是在稻草上鋪上蓆子，舞臺邊吊著玻璃罩的燈，可能是臺北最早上演日本劇的地方。雖然非常克難，在日治初期卻也是很受歡迎的劇場。在此附近尚有梅月料理店，醫學士青山潔來臺後在此設立南洋病院，後來搬到新起街，這裡再度成為名為常盤木的料理店。只是後來進行「市區改正」時，大部分的建築都拆除新建。

劇場「榮座」興建於一九〇二年（明治三十五年）秋天，基地所在原來是獨立於荒野上之大倉組的糧倉，由當時的米商小林竹藏承租後，與森田廣共同興建為劇場。當時的著名演員有片岡我久藏、嵐彥三郎、嵐雀之丞、片岡芳之助、嵐橘五郎等。一九〇〇年（明治三十三年）五月，臺北座於新起橫街落成開幕，開始與榮座競爭，後來榮座買下臺北座後即再次獨佔市場。臺北市的官民，甚至兒玉總督都在一九〇五年（明治三十八年）時來此觀賞過戲劇。據說當時的建築形式和日本的歌舞伎座相似，觀眾席也是日本傳統席地而坐的方式，以低欄杆隔成擺放四人座墊的空間，不設座椅，開幕時門票就要二十錢。但是到一九一八年（大正七年）時，門票還是二十錢，可以推測後來的發展不算很好。榮座的位置就在今天的西寧南路和武昌街二段交口處。

一九一三年的劇場榮座是日式木造建築（村崎長昶，一九一三，日本國立國會圖書館提供）

荒井泰治出生於一八六一年，先在東京擔任記者，後來轉入銀行與商社，一九〇〇年（明治三十三年）因擔任サミュエル（Samuel）商會臺北支店長而來臺灣，由於與當時的民政長官後藤新平皆為東北地方出身，因此獲得機會在一九〇八年（明治四十一年）鹽水港製糖成立時擔任社長，並向朝鮮與滿洲擴大其事業，又擔任臺灣商工銀行之「頭取」（董事長），成為相當活躍並且成功的實業家。一九一一年（明治四十四年）成為貴族院議員，後於一九二七年（昭和二年）過世。

臺灣糖業的創始者與奮鬥者荒井泰治（橋本白水，一九二〇，臺灣圖書館提供）

木村匡出生於仙臺，勤奮苦讀，由一橋高商畢業，先任教於母校，在日本政府統治臺灣之際，擔任第一代樺山總督的秘書而來臺，接著亦在桂總督與乃木總督之下擔任秘書官共七年。一九〇一年（明治三十四年）在同鄉前輩荒井泰治的勸說之下辭官進入「三十四銀行」，後來成為全臺灣之總裁（總支配人），開始進入財政界。雖曾一度回日本擔任京都支店長，但之後又由於在臺灣商工銀行與臺灣貯蓄銀行合併後，被選任為「頭取」（董事長）而返臺。由於他頗有辯才，因此擔任公會之會長，具有相當高的社會地位和名望。

一九三七，曾任臺北公會長的木村匡（中研院臺史所提供）

當時，位於榮座東南側的基督堂是少數清代即興建的基督教會堂，後來遷移到艋舺。「西門外街」曾住了不少名人，如律師松村鶴吉郎、丸龜德十等，及長嶺茂與蓑和藤次郎等仕人，都曾在此居住。牧山榮樹在離開法院後，亦在此開設事務所。荒井泰治和臺北公會的前會長木村匡亦住在這裡。可以知道西門外街在日治之初從簡陋的茅草屋和臨時建築，很短的時間就搖身一變而成高級住宅和繁榮的商業區。

「新起街」

「新起街」原來就是西門通往艋舺的道路，所以在清末就有沿著道路兩側興建的住屋。日治之初，許多剛來臺的日本人晚上會從這條路，拿著火把走到剝皮寮北邊的風化區尋歡，大約自一八九六年（明治二十九年）起，「新起街」也開始出現日本人營業的「貸座敷」，包括山梅屋、曖昧屋等，共有九家，大多是使用原來的臺灣人住屋經營。這些「貸座敷」在入口處懸掛布簾，兩側做成日式木格門裝修，可以隱約看到裡面的年輕女子。裡面未設有隔間，只用布幕隔開，即使在這樣簡陋的空間也能收取五圓或十圓的費用。但不久政府決定將當時稱為「遊廓」的風化區移到艋舺，所以這些「貸座敷」就轉為日本人住屋或商店。

一九一三年的新起街街景，兩側還是低矮的街屋。（村崎長昶，一九一三，日本國立國會圖書館提供）

後來，日本人將這些原有臺灣人住屋改造成日式木造建築，接著又改建為磚造建築，成為符合總督府要求防火防鼠的磚造「模範家屋」。早期的商店包括有三豐堂藥鋪、福本下駄店（木屐店）、植木屋等。二、三丁目原有很多木炭店，日本人來了以後成為二手用品店的聚集處，形成熱鬧的街區。同時在「遊廓」轉移到艋舺之後，通往艋舺的「新起街」和「新起後街」在一八九七年（明治三十年）至一八九八年（明治三十一年）之間陸續開起了許多料理店和飲食店，也成為有許多藝妓往來或居住的「藝者町」。

日治時期十分重要的報紙《臺灣日日新報》，原來是合併《臺灣新報》與《臺灣日報》而來，其中《臺灣日報》即發起於「新起街」，《臺灣日日新報》創刊之時就是使用《臺灣日報》的所在地經營報社，隔壁是社員的宿舍，後來報社才遷移至「西門街」，原來的建築則成為料理店「花壇」。

「新起橫街」

「新起街」北側逐漸形成的「新起橫街」本來是艋舺善心人士為不知名人士安頓後事的墓地和積水池窪地，日治初期有很多苦力們會聚集在這裡賭博，後來遭警察大舉取締，之後隨著「新起街」和艋舺的繁榮，「新起橫街」也成為料理店常盤花壇、日本亭、梅本、新喜樂、丸新、金勢、湖月等林立之處，並且周邊圍繞著藝妓和相關從業者的住所，住有各式各樣的人。其中，日本亭是當時的高級料理屋，也是官民聚餐常去的地方；二次大戰末期甚至是神風特攻隊出征前，會帶他們去用餐和享樂的地方。但初期北側的低地還是一片荒蕪，所以有的料理店可以從座席遠望到墓地之後的江瀕街和其後的大稻埕。新起橫街三丁目還有名為「丸中溫泉」之日式公共澡堂，生意很好，吸引許多浴客前往。

除此之外，一九一〇年代最早在此開設的芳乃亭，以及一九二〇年（大正九年）開設，當時號稱規模最大的新世界館，起初稱為「活動寫真館」，後來開始被稱作「映畫館」，也就是臺北最早的電影院，這些娛樂場所，也使得這裡更為熱鬧。到了一九三五年（昭和十年）左右，後來陸續開幕的國際館、第二世界館、大世界館等都是有一千個座位以上的電影院，促成西門町

位於新起橫街三丁目的「丸中溫泉」。（石川源一郎，1899，臺灣圖書館提供）

從日治時期一直到戰後都是電影院的聚集地。芳乃亭後來改名芳野館，戰後成為國賓戲院所在地；新世界館後來改建為真善美戲院，大世界館後來改建為大世界戲院，國際館位於大世界館東北側，也就是今天萬年商業大樓的所在地。

上｜1913 年的芳野亭（芳乃亭），是日式木造建築。（村崎長昶，1913，日本國立國會圖書館提供）

右｜1931 年，芳野館已經改建為可以容納千人的大型劇場建築（臺灣圖書館提供）

左｜日治時期的電影街，建築都有摩登的立面外觀。（1944，臺灣大學圖書館提供）

地點最好的新世界館（一九三二，臺灣圖書館提供）

在商家密集的這個區域，防火是最重要的課題。但是日本政府治臺之初，人力仍然不足，尚未有專職的單位來擔負消防工作。直到一八九九年（明治三十二年）從東京來臺，專門擔任攀高作業的「鳶職人」武宮喜一郎與佐藤三四郎，分別被任命負責艋舺與城內的消防工作，才有了專職的消防人力。武宮喜一郎與佐藤三四郎他們手下皆有百人左右，但是由於武宮較善於用人，因此佐藤的屬下都跑到武宮那裡，佐藤只好去拜託當時的土木包工業者筱塚初太郎幫助。後來佐藤離臺後，就由筱塚和武宮分別帶人進行滅火工作。然而，由於某一次兩邊的人馬發生衝突，直到太倉組的船越倉吉出面，才幫忙平息了糾紛。後藤新平覺得事態嚴重，找澤井市藏來討論今後的對策。在澤井的調解下，推舉武宮為「頭取」，平息消防人員之間的不睦。因此，在一九〇二年（明治三十五年）由私設消防組改為官設臺北消防組時，大家就請澤井來擔任「頭取」，旗下設有「副頭取」二位。其中一位「副頭取」就是船越倉吉。一九一二年（明治四十五年）澤井過世後，四年間一直沒有繼任組長，直到一九一五年（大正四年）大家公推船越倉吉為組長。一九一七年（大正六年）第一消防「詰所」建築完工時，二樓陽臺上還安置有澤井市造的半身銅像。一九三〇年（昭和五年）倉吉過世。三年後由岡今吉擔任組長。

當時的消防組雖然由私設改為官設，但實際上每月只有象徵性的六十錢津貼，可以說是義工性質，作為另一種酬謝的方式，消防組員在責任歸屬地區的劇院或電影院，可以免費看戲。西門地區的消防由澤井市造（一八五〇—一九一二）出生於丹後由良村，曾做過船員，後來有機會學得鐵道工程技術，一八七九年（明治十二年）開始承包鐵道工程，其後投入北海道鐵道建設。一八九三年（明治二十六年）進入日本大型營造業者「有馬組」，一八九五年（明治二十八年）來臺負責「有馬組」在臺的事業。一八九八年（明治三十一年）獨立開設「澤井組」，承包縱貫鐵道工程、基隆港工程等。據說位於西門的「艋舺低地埋立計畫」也是他提給官方的建議。

在第一消防「詰所」二樓陽臺設立的澤井市造半身像（橋本白水，1931，臺灣圖書館提供）

船越倉吉（一八六六—一九三〇）出生於埼玉縣太田村，長大後投身土木工作，參與關西線、山陽線、北陸線等的鐵道工程，一八八九年（明治二十二年）他的父親與澤井市造共事，船越倉吉即與澤井結為義父子的關係。一八九五年（明治二十八年）與澤井一起來臺，設立太田組，承包鐵道、道路、河川、埤圳、橋樑等工程，因此也被稱為「太田倉吉」。

穿著消防組長服的船越倉吉（橋本白水，1931，臺灣圖書館提供）

負責艋舺地區的武宮喜一郎組擔任，《臺灣日日新報》記載他們曾分別送給榮座與臺北座布幕，告知大家這裡是自己地盤。榮座將緞布做成開場時正式的上拉型舞臺布幕，而臺北座則做成左右拉開型的布幕，臺北座這樣的作法引發消防組員的不滿，每晚到舞臺上去拉動布幕，影響表演，還造成警察不得不出面的事件。

事實上，在這樣的娛樂區，劇場和電影院周圍從日治時期起就充斥著情色氣氛，娛樂場裡的美麗少女經常刺激血氣方剛的年輕男人熱血沸騰，也因而發生各種摩擦，造成警察必須經常來此忙進忙出。在這個幾乎可以稱為花柳街的地區，嬌媚的聲音、脂粉和香水的香味飄浮在空氣中，而芳乃亭的旁邊後來卻成為壽小學校與第三高等女子學校之所在。使這裡一邊可以聽到調笑喧鬧聲，一邊又可以聽到校園傳來的風琴聲、小學生跑步的聲音，呈現出一種奇特的氣氛。

2 從第一小學校到末廣小學校：今天的福星國小

隨著日治初期日本人來臺灣發展的人愈來愈多，為提供日本學童就學，一八九七年（明治三十年）在總督府國語學校中設立第四附屬學校，作為日本學童的專屬小學。但由於當時臺北交通並不方便，特別是住在城外西北端大稻埕之學童要到城內東南角的國語學校更是路途遙遠。大稻埕的日本人於是集合有共同需求者的力量，創設「町立大稻埕尋常小學校」。同年，大稻埕地區亦在千秋街的私立日臺語學校中設立私立尋常小學校。日本政府原本十分擔心經營是否能持續等問題，認為必須審慎評估，後來終獲同意，和日臺語學校一起遷至建昌街。在私立大稻埕尋常小學校開校前夕，依據報導所載，學童人數即達約五十人，其中包含十餘名由國語學校第四附屬學校轉學而來的學生。

一八九八年（明治三十一年）的六月，由於日本學童就讀的「小學校」僅有一校，不足以滿足就學需求，因此計畫再設立四所官辦尋常小學校，其中的一所即位於大稻埕。隨之在七月頒布了〈總督府令第三號私立學校廢設規則〉，因此建昌街的私立日臺語學校就因此改為「稻江義塾」。同年的十月四日，大稻埕的官設「臺北尋常小學校」借用李春生所有，位於建昌後街原臺阪公司的所在地及其建物開校，校長為辻村寬堯，創立時學童人數僅十五名。

「臺北尋常小學校」

創立時學童僅十五名的「臺北尋常小學校」，創校當年年底即增為三十人，一八九九年（明治三十二年）底更達到一百五十人，且人數還在持續增加。大稻埕在日人領臺之前就已是商業興盛、人口密集之地，根據一八九九年（明治三十二年）的報導，當時在臺北城內外學齡兒童約有千名以上，除了東門學校（國語學校第四附屬學校）外，皆在大稻埕日人「小學校」就讀，依調查有五百多名學童的就學需求，但因學舍狹隘而未盡收。可以推測當時所在的大稻埕校地難以擴大，在增收學生上的確會有困難。

因此，一八九九年（明治三十二年）六月時即計畫將「臺北尋常小學校」遷建於臺北城外二之橋砲兵工廠前，也就是今天「福星國小」的所在地。從總督府公文類纂的圖面記錄中，可以得知校地取得的方式，除了政府直接收購土地外，也以官有地和私有地交換，還有日人捐贈土地而來。

當年九月，澤井組承包的「臺北尋常小學校」工程展開施工，預算共計五千四百九十五元，興建包括長約三十八公尺，進深約七．三公尺的校舍一棟（八十六坪），長四．五公尺、寬三．六公尺的附屬家屋一棟，以及廁所一處。工程進行時間約一年，隨著工程逐漸完工，學生也逐步移轉至新校舍上課。一九〇〇年（明治三十三年）新校舍落成時，該校人數已超過三百三十人。

儘管新校舍已落成，但日本人學童人數增加的速度卻使得校舍很快就不敷使用。一九〇一年（明治三十四年）的報紙記載，政府為避免單身來臺之日本官民沈溺於酒色而引起種種弊端，乃呼籲官民攜眷前來，因此更必須加緊解決日本學童就學的問題。以「臺北尋常小學校」為例，其編制設備本來是以三百名學童為考量，一九〇一年（明治三十四年）「臺北尋常小學校」就讀之學生人數已超過五百人。學生分別來自城內二百四十一人，大稻埕一百三十二人，新起街一百三十一人以及艋舺三十一人。因此，原來是兩人共用之書桌必須三人並坐，校方於是向總督府申請經費一萬八千元，擬用來增建教室和講堂。

一九〇二年（明治三十五年）一月，臺北尋常小學校增建長約九．一公尺、寬約七．三公尺、高二．七公尺，並有走廊的教室三間共六十坪與二層樓講堂，以及新建之石造「御真影奉置所物置」。從當年的校舍配置圖來看，入口設在東南隅，校舍北棟有教室四間和教職員室，西側有教室三間，南側有教室五間和講堂，都是單側走廊，三棟之間以廊道相連，且各棟都分別設有廁所。北側還有五間教職員宿舍、倉庫和校長宿舍，倉庫前有水井。由上述配置說明，可以看出當時已具備校園必要的各項設施。

「臺北第一尋常高等小學校」

一九〇二年（明治三十五年）四月，「臺北尋常小學校」改制為尋常科四年、高等科四年，因此學校名稱改為「臺北尋常高等小學校」，同時原國語學校日人附屬小學校改為臺北廳轄下。為了區別兩校，遂改以第一、第二小學校分別稱之，故原「臺北尋常高等小學校」改稱為「臺北第一尋常高等小學校」。

一九〇三年（明治三十六年）因學生人數過多，教室不足，所以三年級以上的女生必須借用臺北廳物產陳列館上課。一九〇四年（明治三十七年）增設女子補習科，也借用臺北物產陳列館上課。

在一九〇五年（明治三十八年）的市區改正計畫中，可以看到根據規劃，將有都市計畫道路穿過校區，同時南棟校舍亦位於道路預定地上，但是校方仍在一九〇七年（明治四十年）新建九十六坪，工程經費三千四百四十三圓，屋頂為亞鉛板之「日覆運動場」。日後雖然可見「臺北第一尋常高等小學校」因市區改正位於要道之上，且校舍漸次舊頹而要移往他處的報導，但始終沒有具體的行動。一九一二年（明治四十五年）時，因借用四間教室給私立臺北中學會使用，在公文類纂中留下當時校園平面圖，可以看到講堂設在東側，有廊道與北棟相連。

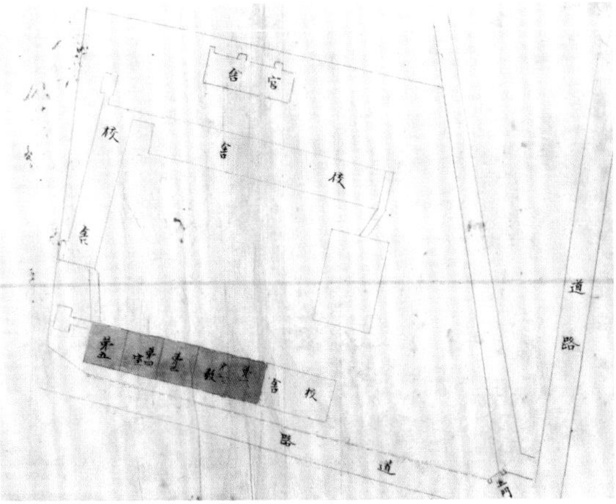
從一九一二年（明治四十五年）借給私立臺北中學會四間教室的圖中，可以看到當時學校的校舍配置狀況。校門入口在東南隅，北側還有官舍。（明治四十五年學校平面圖，一九一二，國史館提供）

一九一三年的臺北第一小學校校門位於西南隅的照片，還可以看到木造斜屋頂的校舍。（村崎長昶，一九一三，日本國立國會圖書館提供）

「末廣高等小學校」

一九一五年（大正四年）三月三十一日，原「臺北第一尋常高等小學校」改為「臺北第一高等小學校」，成為僅收小學校高等科學童的學校。臺北現有第二、第三、第四小學校之高等科學生皆轉往本校，而原第一小學校之尋常科學童，則轉入新設立之臺北第五尋常小學校。雖然學生數量減為三百一十六人，但由於預定設於艋舺後菜園街的第五尋常小學校之校舍尚未完全落成，因此仍有半數尋常科的學童暫時借用高等小學校之校舍上課。當時本校與基隆高等小學校是臺北州僅有的兩所高等小學校，同年九月一日改稱為「臺北高等小學校」。

一九二二年（大正十一年），校名根據學校所在之町名，由「臺北高等小學校」改名為「末廣高等小學校」。一九二四年（大正十三年）因為遭遇暴風雨而使「日覆運動場」屋頂受損，進行末廣小學校的增建設計圖中，可發現原有的校內教職員宿舍已被移出，在原有校舍的北側興建二層樓的建築，並拆除原有北側木造校舍，同時將增建西棟與東棟的二層樓校舍，以舒緩空間不足的狀況，包括有普通教室有十七間，特別教室六間，以及東側一樓之行政空間。「日覆運動場」預定建於西側教室之南。早期市區改正計畫中預定穿過校園的南北向計畫道路，此時已被取消，所以校園將不會有分隔問題。而原來借給私立中學校使用，位於南側計畫道路上的南側校舍則已全數拆除。

從一九三四年（昭和九年）之增建計畫圖來看，因為上述

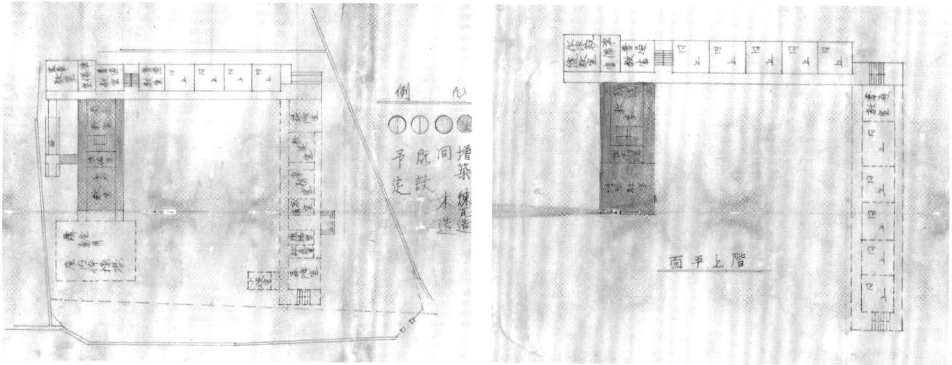

1924 年的增建設計圖中，可以看到原來的官舍位置已興建為二層樓校舍，原有北側木造校舍被拆除，同時準備陸續興建東側與西側的二層樓校舍和「日覆運動場」（屋內體操場）。南側的虛線為計畫道路預定線。（大正 13 年臺北州末廣小學校增築工事圖，1924，國史館提供）

南側計畫道路的開拓，所以在東棟的東南側增建南北向的教室，另外東西棟外也各增建有附屬建築，這樣的狀況一直維持到戰前。根據

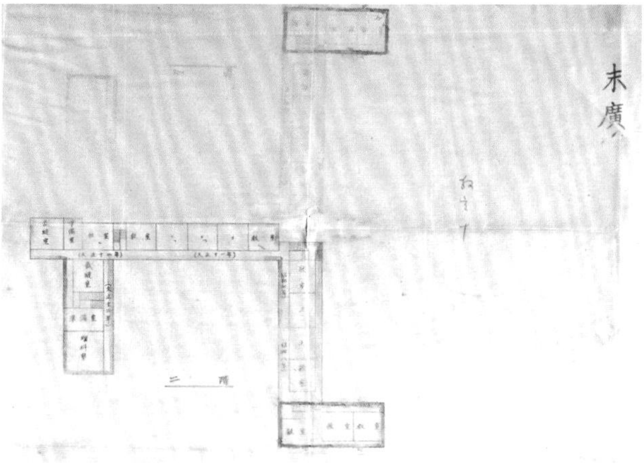

一九三四年的增建圖，可以看到因南側道路的開闢，南端的校舍轉為向東延伸。（國史館提供）

一九三五年（昭和十年）的《臺北市學事要覽》之記載，當時的普通教室有二十二間、特別教室七間、準備室四間、講堂兼「屋內體操場」、職員室、衛生室、「宿直室」及「小使室」各一間，另有「物置」二間與「便所」三處。學生人數則達到一千三百九十一人。實際上，從一九三一年（昭和六年）到一九四一年（昭和十六年），班級數由十五班增加到二十二班，教室面積由三百三十三坪增加到四百零二坪。校舍總樓地板面積由八百多坪增加到一千多坪。

一九四一年（昭和十六年），因國民教育令的頒布，「末廣高等小學校」再改為「臺北末廣國民學校」。一九四四年（昭和十九年）新設「大和國民學校」，招收男女各兩班，但先借用老松國民學校授課，次年仍繼續各收兩班。

戰後的福星國小

一九四六年日人回去之後，末廣國民學校正式廢校，大和國民學校開始到此上課，後來為紀念抗日英雄羅福星而改名為福星國民學校。接著，隨著西門地區的發展，學生人數也隨之增加，於是先在南側增建三層樓的教室，一九七七年受到中華路的火災波及，東棟校舍被燒毀，翌年新建三層樓的校舍，並將校門移至東側。之後，又陸續進行增改建，拆除日治時期的校舍，而成為今天的規模。

此外，一九五九年中興國小創立，在校舍興建的期間，曾借用福星國小的禮堂上課。一九七一年時中興國小的學生就已經近兩千人，可以看出當時西門人口增加的狀況。為了緩解校地的需求，後來曾將中央市場遷出後的用地轉為學校用地，

一九三一年《臺北市大觀》中的末廣高等小學校二層樓校舍外觀（小山權太郎，臺大圖書館提供）

一九三六年《臺北市學事要覽》中的末廣高等小學校工業教育上課狀況。（臺大圖書館提供）

一九四五的美軍航照圖中，可以看到「屋內體操場」和東南隅教室完成後的狀況。（中央研究院人社中心GIS專題中心：臺北市百年歷史地圖提供）

成為中興國小的操場。但是隨著當地人口組成的變化，近年學生人數日漸減少，二〇〇四年中興國小終與福星國小併校。

由這樣的過程，可以知道福星國小原來是因為日治初期住在大稻埕的日本學童之學習需求，利用西城牆外北端的空地而創設的小學校。後來儘管在市區改正計畫中有道路穿過，但因為學校的關係而改變了道路計畫。之後，隨著西門地區的發展，人口日漸增加，學童也越來越多，校舍陸續增建為二層樓磚造的建築。戰後雖然日本人離開臺灣，但因西門地區仍然維持過去的繁榮，在受到少子化影響之前，一直都維持相當的學生人數，校舍更增建為五層建築。從福星國小的設立與變化，也可以看出西門地區北端的歷史發展與變遷。

3 弘法寺

日本真言宗來臺灣傳教的宗派是高野派與醍醐派。高野派全名為「高野山真言宗」，是日本真言宗各派中勢力最大的一派。該派之布教師來臺時間甚早，初期布教師有掠本龍海、小柴豐嶽、小山祐全等人。在一八九六年（明治二十九年）時，小山祐全即與淨土宗、真宗本願寺派、曹洞宗與日蓮宗等五宗派僧侶共同提出「臺北縣轄下之文廟、武廟、天后廟、城隍廟、谷王廟、魯公廟與昭忠祠等七宮廟下賜建議案」，後來雖未獲得臺北縣與總督府之同意，但可看出真言宗在日治初期即顯現出在臺灣布教的積極態度。

高野山真言宗在一八九六年（明治二十九年）即借用艋舺料館口黃氏家廟作為布教場，舉行法會。同時與西本願寺、淨土宗一起開設明倫學校，也就是私立國語學校，教授臺灣人日語並向臺灣人傳道。一八九九年（明治三十二年）移至新起橫街一丁目四十五番戶，新建布教場。後來因為要興建新起街市場，所以政府以換地的方式，在一九〇八年（明治四十一年）將布教所遷至「新起街」，也就是後來的西門町一丁目七番地，今天的弘法寺天后宮所在地。這裡有六百多坪之用地，在布教師小山祐全的努力下，得到信徒捐獻與本山高野山金剛峰寺補助，以一萬五千日圓興建「本堂」，也就是佛殿；並將原布教所本堂遷來作為「庫裡」，是僧侶們生活和辦公的空間。

一九〇九年（明治四十二年）在新址開工，次年完工，建成本堂六十七坪，庫裡五十三坪，走廊八坪，並於九月十五日舉行入佛式，

日本密教真言宗

日本佛教在明治時期開始向海外布教，一八九五年（明治二十八年）日人統治臺灣之際，也跟隨著日本政府來臺傳教。這些佛教宗派包括有屬於淨土真宗的本願寺派、大谷派與木邊派，屬於禪宗的曹洞宗與臨濟宗妙心寺派，屬於密宗的真言宗高野派、醍醐派與天臺宗、淨土宗與其西山深草派、本門法華宗、顯本法華宗、日蓮宗、華嚴宗等八宗十四派。

其中，密宗與禪宗都是日本僧侶到中國求道而帶回日本。日本密宗主要分為真言宗和天臺宗。真言宗是空海（弘法大師）於九世紀初日本平安時期所創。空海生於七七四年（日本寶龜五年），二十三歲出家，在東大寺受具足戒，之後即至日本各地巡遊，修練苦行，但仍感不足，因此在八〇四至八〇六年（日本延曆二十三—二十五）遠赴中國求道。他由福州長溪縣登陸，接著抵達長安，先住西明寺，再到青龍寺學習密教，遇到已有六十高齡的惠果阿闍梨。空海當時不過三十二歲，但是這位真言宗的第七代祖師，一見空海，竟如十年知交，於是空海被選為第八代傳人，舉行灌頂大法，號為遍照金剛。

除了就學於惠果之外，空海又在醴泉寺向罽賓僧般若及牟尼室利學悉曇，從南天竺的婆羅門僧學梵語，向韓方明學書法。當他回國之時，攜有經論章疏二百十六部四百六十一卷、圖像十鋪、道具九種、阿闍梨付屬物十三種。返日之後，先講大日經疏於久米寺。八一六年（日本弘仁七年）開創高野山金剛峰寺之修行道場，八二三年（弘仁十四年）得到嵯峨天皇所賜教王護國寺作為真言宗之根本道場，確立宗團之發展。教王護國寺又稱東寺，因此空海所創的真言宗又稱東密。同屬密教的天臺宗則為與空海同一年到中國求法的最澄所創，又稱臺密。

空海過世後八十六年，醍醐天皇追贈諡號弘法大師。此後，確立以教王護國寺之東寺為本寺，高野山金剛峰寺為末寺之本末制度。儘管高野山後來一度因遭雷擊而發生火災而呈衰微，但之後仍然得到皇族與貴族之經濟支援而得以持續發展。然而，由於在密教真言宗中作法與修法上之差異，宗團也在平安後期開始分出不同的宗派。十一世紀末興教大師提倡秘密念佛思想，創建大傳法院，舉行大傳法會，希望不受東寺之管理而獨立，但沒有成功，因而退居根來山，成為「新義真言宗」，原有之系統稱為「古義真言宗」。「新義真言宗」在根來山之根來寺與大傳法院曾興盛 時，但是後來因豊臣秀吉之討伐而成灰燼，遂入長谷寺，成為真言宗豐山派之總本山。此外，後來德川家康在京都建智積院，成為智山派之總本山。

江戶時期，幕府採取新的宗教管理制度，各宗派之僧侶都必須領有許可，也就是各宗團都受到幕府之監督；同時也建立「寺壇制度」，每一個人都必須隸屬一所寺院，以寺院來掌控戶籍，使寺院成為管理人民的行政機關，也確保了寺院穩定的經濟來源。

明治時期，新政府推行「神佛分離」，以及排佛之「廢佛棄釋」政策。真言宗寺院亦受到很大的影響，如神宮寺被改為神社，有的僧侶脫離僧籍加入神職或還俗等。同時，政府要求強制沒收部分寺院名下的土地，這些寺院因此而廢寺。

此外，新政府的宗教政策為一宗一管長制，因此古義與新義真言宗必須輪流擔任管長。但是，一八七八年（明治十一年）以仁和寺為首之七寺脫離古義真言宗，獨立稱為西部真言宗，自行設置管長，新義真言宗亦自設管長，使真言宗一度出現三位管長。後因政府要求他們仍然必須整合，次年又恢復以東寺為總本山。

然而，各宗之間仍然持續醞釀著要求獨立的氣氛，到一八九〇年（明治二十三年）高野派、御室派、大覺寺派、醍醐派、智山派、豐山派、真言律宗終於得到獨立之許可；一九〇七年（明治四十年）東寺派、山階派、湧泉寺派、小野派亦分別獨立。一九四一年（昭和十六年）二次世界大戰期間，日本政府因應戰爭調整宗教政策，將各宗派強制結合為大真言宗，但是戰後各派又各自獨立，分別成立宗教法人。

密教的內容，分教相及事相兩部，教相屬於教理，事相則為行法。所謂行法，即在加持祈禱的身、口、意三密，特別重視護摩（意為焚燒）法，共有六種：消除惡難的息災法、增進福利的增益法、召集善神的鉤召法、折伏惡邪的降伏法、祈請諸佛菩薩之護持的敬愛法、祈求增長壽命的延命法。因此，大至國家事變，小及日常茶飯，皆不離開密法的作持。

由於日本密教真言宗是空海到中國學習而來，在他所著之「秘密曼荼羅教付法傳」與「真言付法傳」中，記有真言密教之起源與付法七祖、傳持七祖的傳記，大多數真言宗佛寺會在本堂奉祀包括弘法大師之傳持八祖畫像，成為真言宗佛寺的一個特徵。「付法八祖」包含大日如來、金剛薩埵、龍猛菩薩、龍智菩薩、金剛智三藏、不空三藏、惠果阿闍梨、弘法大師等八位，意指「正確教法傳流」之「付法」是經由這八位高僧法法相傳而來。「傳持八祖」則為猛龍菩薩、龍智菩薩、金剛智三藏、不空三藏、善無畏三藏、一行禪師、惠果阿闍梨、弘法大師，真言密教之弘布傳流，將這八位高僧之法傳奉為圭臬。

今天仍留存在西門天后宮內的弘法大師像（王惠君提供）

遷移到新起街後興建的弘法寺本殿（本堂）。（一九三一，臺灣圖書館提供）

主祀弘法大師，同祀十一面觀世音與不動明王。作為高野山的「末寺」，以新高野山為寺號，稱為「新高野山弘法寺」，並兼理真言宗在臺灣的布教事宜。一九一〇年（明治四十三年）已有信徒七百多人，會員有二百二十人。弘法寺組織之護國十善會每月八、十七、二十一日定期舉行例會，積極進行布教。此外，三月二十一日為正御影供，六月十五日為弘法大師誕生會，都是弘法寺一年中重要的日子。

一九二五年（大正十四年）在臺北書院街一丁目經營鐘錶業的奈良人鎌野芳松等人發願創設「臺北新四國八十八箇所靈場」。選定臺北市內、圓山、芝山岩、草山、竹子湖、北投各處，安置從日本請來的本尊石佛，並擇舊曆三月二十一日大師入定之日，舉行開眼供養法會。第一禮所之竺和山靈山寺本尊釋迦如來與第二禮所之日照山極樂寺本尊阿彌陀如來，即奉於弘法寺內，換言之，弘法寺可說是「臺北新四國八十八箇所靈場」的起點，現在境內仍保存有這兩尊石佛。

二次大戰後，日本僧侶離臺，由於新興宮的信徒積極爭取，一九四八年終於迎入原來暫祀於萬華龍山寺後殿的媽祖，將原弘法寺

今天仍留存在西門天后宮內，「臺北新四國八十八箇所靈場」第二禮所之極樂寺阿彌陀如來石佛。（王惠君提供）

四國八十八箇所

四國是日本本土遠離都市的偏僻地區，生於今天的四國香川縣的空海（弘法大師，七七四—八三五年）年輕時一個人在此修行。而他曾經修行所到之地，在他入定後，即有修行僧們依著大師足跡所到之處，進行「遍歷」之旅，日本平安時期更開始成為修行者之修行路。這八十八處巡禮後來就稱之為「四國八十八箇所」或「四國遍路」。室町時期到江戶時期逐漸傳至民間，直到現在仍有許多人親身實踐這巡禮之路。巡禮的路線是從德島縣出發，經過高知縣、愛媛縣到香川縣；八十八所佛寺中，一至二十三禮所是發心的道場，二十四至三十九禮所是修行的道場，四十至六十五禮所是菩提的道場，六十六至八十八禮所是涅槃的道場，全程約一千四百公里。

而移民來臺的日本商人鎌野等人，將日本「四國八十八箇所」這樣巡禮修行的信念帶到臺灣，除了在弘法寺之外，今天還可以在臨濟護國禪寺和陽明山山區發現當時供奉的石佛。

鎌野芳松

在一九一六年（大正五年）出版的《臺灣人物誌》中，記載鎌野芳松於一九〇二年（明治三十五年）十二月來臺，勤儉行商，逐漸展露其商業才能，經營鐘錶店，販賣的商品除了鐘錶之外，還包括眼鏡、貴婦人用具、金銀盃等金銀器。

正殿改奉媽祖。一九五二年新興宮改名為「臺灣省天后宮」。但不久在一九五三年底，廟後的國際大舞廳發生火災，延燒到天后宮，只得搭建臨時建築奉祀神明。一九五九年，信徒募集資金，配合媽祖一千年聖誕紀念，重建閩南式正殿，又陸續興建玉皇殿與鐘鼓樓等，形成今天的規模。

目前鎮殿天上聖母原座木椅刻有乾隆壬子年閏癸巳月（即指乾隆五十七年、西元一七九二年），與廟內新興宮原有之清乾隆古鐘所載年代相同，皆有二百多年的歷史。同時奉祀之觀世音菩薩亦為原「新興宮」內所祀，由泉州分靈而來。同時，宮內還保存有原新興宮青石雕刻之石獅、龍柱與龍虎堵，都是呈現古樸風韻的清代石雕。

雖已轉化為主祀臺灣民間信仰的場域，但今日左側殿仍供奉弘法大師，日本高野山金剛峯寺與東京別院於每年十到十二月間，皆會輪流派遣高僧來此舉行禮佛法會。現在，寺中仍在庭園中保存之弘法大師立像，與刻有臺灣新高野山弘法寺之銅鐘，皆為日治時期弘法寺時期的原物。

天后宮一開始是使用原弘法寺的日式佛寺建築，在火災後重建為閩南式的廟宇建築。此外，雖然遷移至西門町，但農曆三月二十一日媽祖誕辰前的媽祖出巡遶境路線，仍以艋舺為主要路線，經過艋舺晉德宮、清水祖師廟、青山宮與龍山寺，以及原有新興宮之舊址。並且會配合參與十月二日之艋舺晉德宮與十月二十二日之青山宮遶境活動，至今仍然可以看出天后宮與艋舺密切的關係。

4 大悲閣

新起街後方的巷道中，還有大悲閣隱身於其中。穿過櫛比鱗次的料理店和藝妓的居所，巷道中不時傳來三味線的弦音，相較於外面的市街，可以說是別有天地，所以這條巷道，被稱為「浮世小路」；另外因為更裡面建有大悲閣的毘沙門堂，所以也被稱為「毘沙門小路」。大悲閣興建的時間很早，在一八九八年（明治三十一年）即由仙風道骨的高橋醇領和尚所建，由於和尚號滹山，所以亦被稱為滹山大悲閣。

《臺灣日日新報》中記載，高橋和尚總是身著白衣，潔齋茹素，在飄盪著脂粉香的小路盡頭，二十年如一日，篤行佛法，並且發行原稱《獅子吼》，後來改稱《真佛教》的佛教雜誌。他看起來外表纖弱，但是說起話來意興風發，並且總是面露笑容，是一位非常和善的出家人。他也是當時臺灣著名的書畫名人，從梅蘭竹菊四君子到人物山水，無所不畫，有大家之風，周邊很多料理店的招牌都請他書寫，被稱為是奇僧，也是當時「新起街」的名人。

口臺北の寺 ＝滹山大悲閣＝ 欽一盧

先づ古木鬱蒼として溪流音幽かに苔蒸す石門に滹山大悲閣とでもありさうに思はれるが、什うして〳〵新起町の細い横町の奥に箱庭の置物然と存在する。併し開山醇領師の氣熖たるや名物臺灣の低氣壓の中心もその鼻息で一遍に吹き飛ばされる。方さに臺北名刹の一たるを失はない。但し既う北投の山には四萬八千坪の寺地が調へられて近く工事が始まると云ふから、其處に本當の滹山大悲閣が現はれるわけである

在1925年（大正14年）3月19日的《臺灣日日新報》中刊登有欽一盧所作的「臺北の寺—滹山大悲閣」介紹。從畫家融合中西的筆法中，可以看出大悲閣在熱鬧的新起街後方，塑造出一個離世獨立的靜謐場所。（1925，臺灣圖書館提供）

大悲閣是高橋和尚個人得到捐助而興建，大正末期他又在北投開始籌建大規模的大慈寺。雖然大慈寺於一九三一年（昭和六年）建成，非常遺憾的是他也於同年十月十日圓寂，享年六十三歲，葬於大慈寺後山墓園，隨之導致大悲閣的荒廢。後來，高橋和尚所屬的妙心寺大本山派山田瑞邦來臺整頓，一九三六年（昭和十一年）時大悲閣才又重新恢復舊觀，開放參佛並舉行說法。由於在市街中仍能維持閒靜的氣氛，是日治時期西門外有名的佛寺。

欽一廬為石川欽一郎之號，他於一八七一年出生在日本靜岡市，先學中國畫和日本畫，一八九八年赴英學習水彩畫，因而確立他自己的風格。一九〇七年授命來臺擔任臺灣總督府陸軍部翻譯官，同時兼任臺北國語學校美術老師，八年後返回日本。一九二三年東京大地震之後再度來臺，到臺北師範學校擔任教職，此後全心投入臺灣的美術教育，組織同好創立美術團體，為臺灣西畫界播下無數新生種子，得到「臺灣美術啟蒙之父」的稱號。他於一九四五年九月十日逝世，享年七十四歲。

高橋醇領和尚（平田源吾，一九〇九年，臺灣圖書館提供）

5 西門圓環與新起街 西門市場：紅樓

一九〇五年（明治三十八年）公佈的「臺北市區改正圖」中，即計畫將臺北城通向繁華的艋舺，往來人車最多的西門拆除，以使交通更為順暢，周邊地區並規劃成橢圓形圓環。由於圓環所在地與道路預定地上的私人建築必須拆除，於是地主和建築所有者共同提出希望得到補償的陳情，結果日本政府從一九〇七年（明治四十年）起，以當時市價的一半進行收購，後來才得以完成拆除計畫。

另一方面，原來臺北在艋舺入船

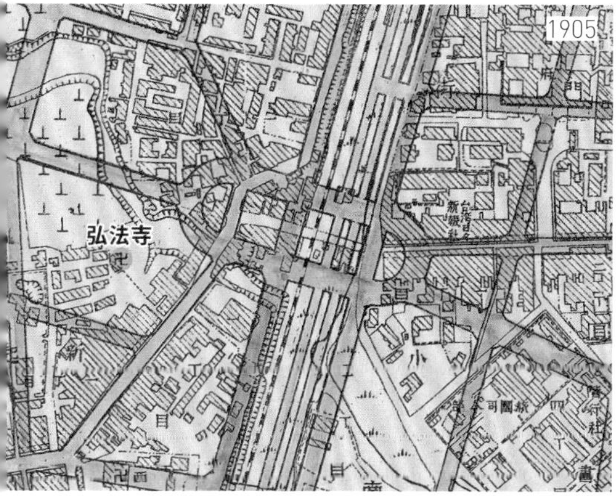

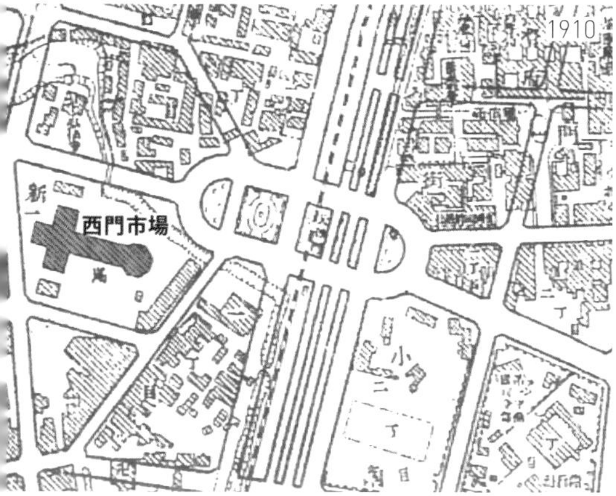

從一九〇五年的市區改正圖與一九一〇年的地圖，可以看出西門橢圓形圓環興建前後的狀況。還可以看到弘法寺原來位於後來興建西門市場的位置。（上：市區改正地圖，一九〇五年。下：一九一〇年地圖，中央研究院人社中心GIS專題中心：臺北市百年歷史地圖提供）

町媽祖廟附近設有賣青菜的攤位，在祖師廟附近亦有賣魚雞豬肉等的小鋪林立，日治時期以後先在祖師廟邊設立市場，緊接著於一八九六年（明治二十九年）在現在西門市場的所在地搭建簡易的建築作為市場，其後撤掉祖師廟的市場，此為臺北市公設市場的開端。而後一九〇八年（明治四十一年），大約在西門外與西門圓環市區改正計畫進行之同一時期，依據市場取締規則，為使市場具備完善的設施，以公共衛生費新建「新起街市場」，並於同年十一月啟用。在近藤十郎與松崎萬長的設計之下，興建完成八角形的紅樓市場與連結於後方的十字型市場，是在日本政府最早完工的千歲市場（今天的南門市場）於同

西門與部分民宅拆除後，興建完成的西門橢圓型圓環，也稱橢圓公園。中間立的是前民政長官祝辰巳的銅像。（村崎長昶，臺北橢圓公園，一九一三年，日本國立國會圖書館提供）

臺北市西門市場日治時期的面貌，前方可以看到目前仍留存的門柱。（一九一八，日本國立國會圖書館提供）

臺北市西門市場現在的外觀（王惠君提供）

臺北市西門市場現存的門柱（王惠君提供）

年八月開設之後，隨即落成的第二個市場。

一九二〇年（大正九年）「新起街市場」改稱「西門町市場」。一九二八年（昭和三年）在東側與南側空地增建販賣日用雜貨的外店鋪三十五間。一九三一年（昭和六年）又改稱「臺北市公設西門町食料品小賣市場」，並在空地出租夜間攤位，八角堂正面還高掛五彩霓虹燈，寫著「西門町市場」，成為一九三〇年代臺北市還很稀奇的不夜城。除了最早興建的八角形紅樓與十字型為本館，經營時間是從日出到日落外，外店鋪經營時間是從日出到午夜，戶外攤位則是從日落到午夜。市場內有事務所處理經營管理相關事務，不但有電話，還設有冰箱，可以提供存放生鮮食材和食品。

由於這裡賣的是比較高級的產品，所以不只是周邊的居民與餐飲商家會來這裡採買，甚至連北投的人都會遠道而來。從一九三九年（昭和十四年）的市場配置圖中，可以看到八角堂一樓分為八間店鋪，包括洋雜貨、麵包糕餅、玻璃陶瓷漆器、五金雜貨、玩具、藥妝、文具與鞋傘店；十字形本館長向攤位以鮮魚鋪為最多，還有魚乾、醃漬品、蛋、豆腐等，短向攤位則以肉品、蔬菜為主。其中也有一間花店、三間水果鋪。東側與南側增建的外店鋪則是五花八門，包括有當時最時髦的高級用品，像眼鏡、珊瑚、鐘錶、電器用品、樂器、風景明信片、臺灣特產、佛具、和服、舶來品、茶具，以及臺灣料理、壽司和麵包店等。八角堂二樓還是當時非常稀奇的「遊技場」，也就是娛樂場，當時可能的娛樂設施包括有撞球、圍棋、將棋、桌球等。可以看出「西門町市場」不只是買賣食品的地方，也展現出當時都市生活中最摩登的一面。

市場中還建有稻荷神社，是笠松好造等人為促進市場發展，於一九一〇年（明治四十三年）發起興建，一九一一年（明治四十四年）六月舉行鎮座式。本來只是要以一千圓左右的工程費建一個小祠，

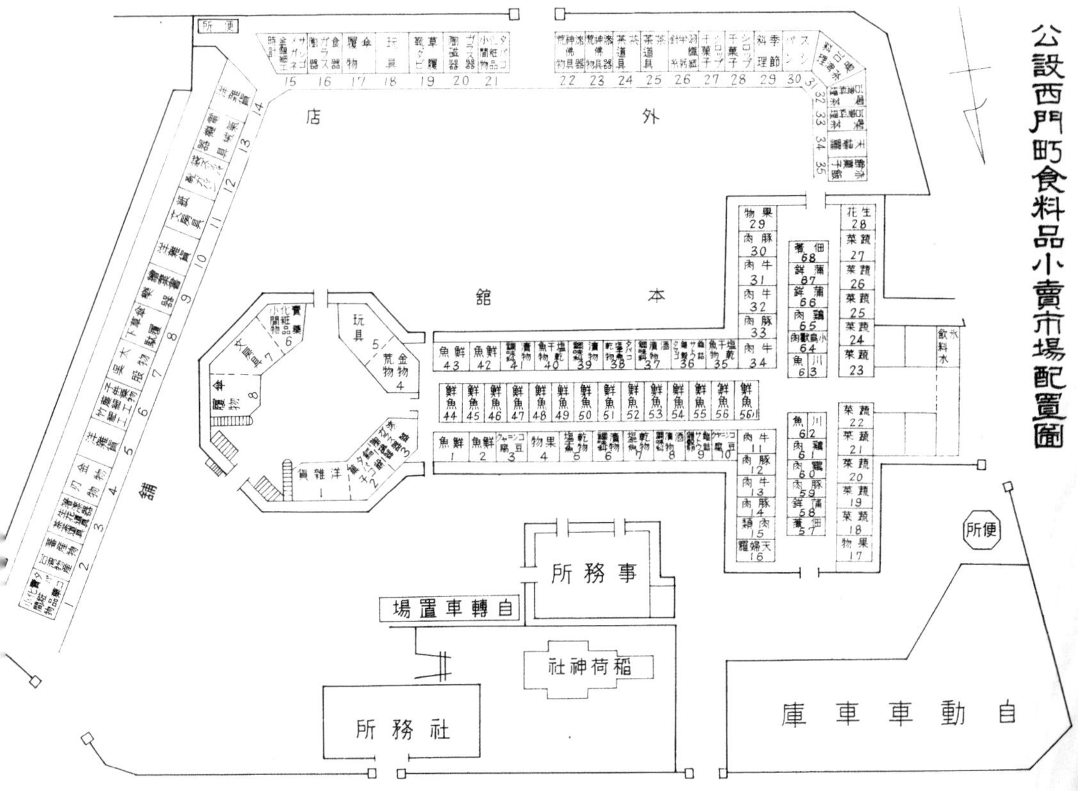

1939 年的市場攤位配置圖（公設西門町食料品小賣市場配置圖，1939，臺灣圖書館提供）

左｜ 1939 年「西門町市場」室內的狀況（臺灣圖書館提供）
右｜ 1939 年「西門町市場」的夜景（臺灣圖書館提供）

後來實際花費到一萬圓，具有相當的規模。並且請來伏見稻荷神，社格相當於縣社格，大祭時臺北廳長也會出席。執掌臺北稻荷神社的是鈴村串雨，他於一九〇一年（明治三十四年）來臺，擔任臺灣神社御鎮座式之次席，後來到臺南御遺跡所主事，三年後可以說是隱身在稻荷神社。鈴村串雨有深厚的國學和漢學基底，曾經在東京的修史館擔任編纂的工作，並且自己也珍藏書畫，甚至有二十一史全卷。相較於大悲閣的高橋和尚總是面露笑容，稻荷神社的串雨表情就比較嚴肅。這兩位日本文人給人的感覺完全不同，當時的《臺灣日日新報》上說他們是「新起街」的一對傳奇人物。

日治時期在市場內興建的稻荷神社（一九三二，臺灣圖書館提供）

6 西本願寺

淨土真宗本願寺派來臺布教

從日治初期就在西門外設立的西本願寺，在今天的四〇六號廣場中，還留存有鐘樓、樹心會館與輪番所，是當時本願寺派在臺灣興建的寺院中，規模最大的臺灣別院。

本願寺派在臺灣的布教於一八九五年（明治二十八年）布教師隨軍抵達澎湖後，展開序幕，並在次年一月正式進入臺灣本島布教。當時首批進入臺灣的，包括有紫雲玄範、荻野英龍、井上清明、平田博慈等四位布教師，分駐臺北、臺中與臺南。第二批大久保教義、渡瀨正覺、用正法英、中尾仲丸等四位布教師於同年二月來臺，分駐臺北與臺南。

到一八九七年（明治三十年）三月下旬，臺灣本地寺院成為「末寺」歸屬真宗本派的已有十二處，臺灣僧人轉化者有十七人，臺灣人信徒已達二千零二十七人之多。之後便在臺灣重要都市，包括臺北、基隆、新竹、苗栗、臺中、鹿港、二林、嘉義、臺南等地，設立布教所。因為他們積極對臺灣人布教，實際上也獲得了為數頗多的臺灣人信徒，同時還培養臺灣人布教師。

但是，從開教史的記載中，可以知道一九〇四年（明治三十七年）

開始臺灣人信徒逐漸減少，他們只有改變布教路線，隨著日本政府在臺灣開發的腳步，到東部移民村、開採礦業的金瓜石與發展木業的太平山、烏山頭水壩與蘇澳港等日本人的新聚落布教，因此最終日人信徒還是占多數。本願寺派積極的布教態度使他們一直是來臺各宗派中信徒最多的，寺院數量也最多。根據一九四二年（昭和十七年）的統計資料，淨土真宗本願寺派在臺灣共建有寺院十六座，布教所三十所，信徒有五萬四千一百二十四人，包括日本人四萬四千零九十九人與臺灣人一萬零二十五人。

臺北別院之創建

紫雲玄範即是派駐臺北布教所的開教使，一八九六年（明治二十九年）他和四位布教師先借住在臺北的陸軍幕僚宿舍。當年四月實施軍政改民政制度後，隨軍布教使必須搬離陸軍宿舍，紫雲玄範於是開始另尋布教與居住場所。最後找到了原來做為糧倉使用，由兵站司令部管理之清代機器局附屬建築「至道宮」，於是向官方請求，得到借用許可，於該年五月十八日正式成立了「淨土真宗本願寺派巡教使駐在所」。一八九九年（明治三十二年）十月五日得到臺北縣知事的許可，正式設立「真宗本願寺派布教所」。

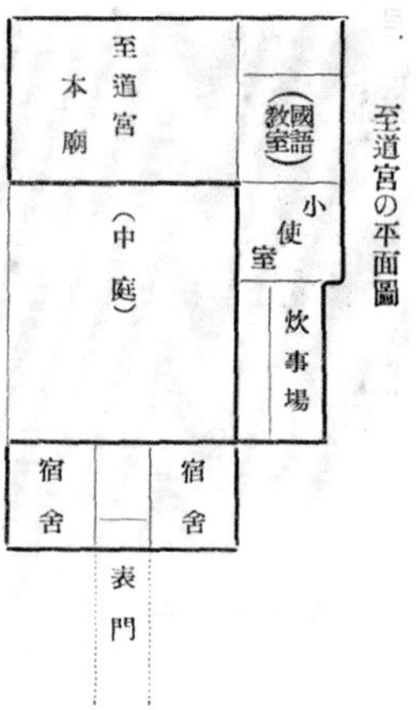

真宗本願寺派布教所平面圖（至道宮平面圖，一九三五，臺灣圖書館提供）

在清代機器局附屬建築「至道宮」設立之真宗本願寺派布教所（一九三五年，臺灣圖書館提供）

日本淨土宗與淨土真宗

日本佛教來臺傳教的八宗十四派中，信徒人數最多的是淨土真宗本願寺派，其次為曹洞宗、臨濟宗妙心寺派，之後為淨土真宗大谷派與淨土宗等。同屬淨土真宗之大谷派，雖然在臺布教發展晚於前述幾個教派，然而在日本佛教之海外布教上，卻是最早跨出第一步，並且最為積極的一派，傳教範圍包括朝鮮、中國上海、東北等，甚至遠赴西藏。在日本本土淨土真宗裡，本願寺派與大谷派也可說是佛教中非常興盛的兩派，分別有超過一萬與八千所佛寺。此外，本願寺派與大谷派在日治時期皆在臺北城西興建別院，分別被稱為西本願寺與東本願寺。

淨土真宗的創立者是親鸞聖人，他出生於日本平安朝末期，是屬於藤原家系的日野有範之子。九歲時出家，在比叡山天臺宗勤奮學道，度過嚴格的修行生活。然而，在二十年的修行生活中，他因目睹當時社會政治權威者的奉承，以及對世俗的迎合，因此他決定離開比叡山，到京都六角堂修行百日，向救世觀音菩薩祈願，尋找出離之要道。親鸞聖人在修行至九十五日黎明，誦念聖德太子祈禱文時，忽然見到觀音菩薩現身，他知道因緣已到，於是出關。接著，他得知法然上人念佛易行法門，隨即投入門下，成為潛心向學的弟子。法然上人傳授其所著《選擇本願念佛集》，在書中勸勉人們專修念佛，說明善人、惡人皆可依此超脫生死，往生極樂淨土，親鸞聖人非常信服並且讚嘆於這種說法。

法然上人是淨土宗的創立者，在比叡山黑谷別所報恩藏裡研讀源信上人的《往生要集》，和中國唐代善導大師所著的《觀無量壽經疏》之「一心專念彌陀名號」文句時，心有體悟，便一心念佛，強調「往生之道，念佛為先」，大力提倡「稱名念佛」與淨土教義。由於念佛法門簡單易行，所以散播得快，而普及大眾，但被當時保守的其他佛教宗派教徒攻擊與打壓。特別是法然上人認為仰仗阿彌陀佛深厚的願力即可往生，並以在家一般平民百姓，尤其是貧賤、愚笨、少聞，和破戒的人，作為度化的對象，更引起當時當權者貴族階級的不滿。由於日本淨土宗教義是源自中國善導大師的「稱名念佛」理論，故又稱為「中國派善導流」。法然上人門下弟子很多，分別成立宗派，日本現在的淨土宗教派都是源自法然上人的門下。

儘管受到舊佛教宗派與政府打壓，但念佛法門依舊廣大流傳，導致在一二〇七年（承元元年），官府正式禁止念佛法門，並將法然上人與門下弟子，包括親鸞聖人流放。四年後，雖然法然上人回到京都，但已臥病在床，不久法然上人即往生。其後親鸞聖人停留在關東，在此著作絕對他力念佛「彌陀誓願」的法門，即《教行信証》一書，開創淨土真宗。一二六二年（日本弘長二年）親鸞聖人往生，爾後淨土真宗傳承親鸞聖人念佛思想與教法，廣大念佛法門，成為日本最大的佛教宗派團體。

到了日本戰國時代，以農民信徒為基礎的淨土真宗，與各地方的守護「大名」（諸侯）進行長期的武裝鬥爭。由於淨土真宗又稱「一向宗」，而其武裝行動稱為「一揆」，因此這些與地方守護「大名」鬥爭的武裝團體被稱為「一向一揆」。後期經由本願寺第十一代法主顯如（一五四三—一五九二）的號召，一向一揆與當時席捲近畿的新興「大名」織田信長（一五三四—一五八二）展開更激烈的戰爭。直到一五八〇年（日本天正八年），本願寺才與織田信長談和，結束戰爭。一五九一年顯如得到豐臣秀吉所賜京都七條堀川的一塊土地，建立本願寺。顯如死後，由三子准如（一五七七—一六三〇）繼承法主。同時因為顯如長子教如（一五五八—一六一四）當初反對顯如與織田談和，顯如遂宣布與之脫離父子關係。德川家康得到政權後，為避免本願寺的勢力更為壯大，便於一六〇二年（日本慶長七年）將京都七條烏丸的一塊土地，賜予教如建立寺院，由於位於原本願寺之東，一般即稱「東本願寺」，原來之本願寺被稱為「西本願寺」。此後本願寺便分為兩派；原來之本願寺被正式稱為「本願寺派」，或是西本願寺，而東本願寺則被稱為「大谷派」。

也就是說淨土真宗發源自淨土宗，而淨土宗思想則來自中國唐朝的善導大師，在日本傳教的對象為一般百姓，因此在一般民間的影響力很大。而本願寺派與大谷派之形成則是由於德川幕府為避免宗教勢力過大而來。此後，在日本明治維新後發生的「廢佛毀釋」中，淨土真宗又以其與維新派的密切關係，努力維持教派在國內的影響力；並且自身亦領先西化，派遣僧侶為留學生到西方學習，還到印度學習梵文，在國內創建學校，大力興學與倡導研究風氣。同時，他們也學習西方，積極對外傳教，向海外拓展其傳教範圍。

至道宮位於臺北城北門外街，占地共六百一十五坪，建築面積共二百四十坪，包括有作為宿舍的前殿、廚房與至道宮主廟三棟，中間並有中庭。

但由於至道宮只是借用的地方，早在一八九七年（明治三十年）他們就購入西門外，位於新起街與臺北城牆間的土地，也就是現在的長沙街及其北側，共約二千五百餘坪的土地，作為興建臺北別院之建地。一八九九年（明治三十二年）十月間，藤文八與田中巡教史上京請願，一九〇〇年（明治三十三年）得到建寺許可與補助金之承諾，因此開始在臺向日人信徒籌募捐款，並派請廣島常德寺住持長古川義海來臺主持興建工作，也於同年向臺北縣知事申請獲得許可。

接下來他們在本宗的門徒中，選擇具備足夠經濟能力與相關經驗者，來擔任興建工作。並在六個廠商中，選擇了很早就在西門外街承包工程的田村組之田村佐大郎氏，花費了二萬四千四百九十圓，興建木造瓦葺的對面所（本來意指待客空間，實際上作為臨時本堂使用）一二四．七五坪、集會所六七．七七坪、宿舍三二．五坪與遺骨堂二十八坪，總計二五三．〇二坪。工程自一九〇〇年（明治三十三年）開工，一九〇一年（明治三十四年）九月完工。

同時，一八九九年（明治三十二年）紫雲布教使說教時，說到梵鐘的功德，有因鐘聲而聞法或結緣之事，聽講者非常感動，又知道當時已在籌建臺北別院，大家決定捐款鑄鐘。次年委託大阪銅器會社鑄造，一九〇一年（明治三十四年）完成口徑二尺七寸的銅鐘，鐘上刻有「明治三拾四年一月鑄造之旋主 臺北最勝講」。梵鐘原放置於至道宮，當時因為傳染病流行，所以該年九月二十日將梵鐘移至西門外的新落成之臺北別院時，還舉行盛大的儀式，繞經京町、榮町、新起町，置於臨時釣鐘堂。

興建完成的臨時本堂坐北朝南，各棟建築之間並有廊道相連。有了臨時本堂、遺骨堂（兼做茶所）、集會所（兼做庫裡）、宿舍與臨時鐘堂後，基本上已能滿足參拜、集會與僧侶生活與工作的需求。

由於當時臺北別院興建時，城牆尚未拆除，東側有鐵路與水溝，所以臺北別院的出入口設在西側，經新起街通往臺北城西門，一九〇〇年（明治三十三年）五月久米氏捐贈了入口處的土地三十五坪，使出入更為順暢。

一九〇一年完工之臨時本堂（一九三五，臺灣圖書館提供）

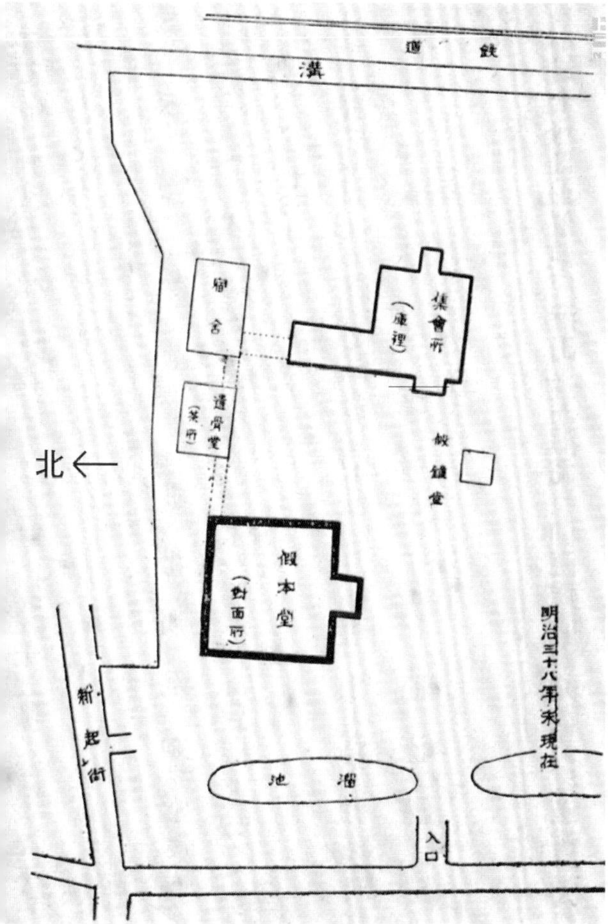

一九〇一年完工時建築配置圖（一九三五，臺灣圖書館提供）

寺院的改建與臺灣別院

但在臺北別院落成幾年後，一九○五年（明治三十八年）公告的臺北市市區改正計畫中，計畫道路將穿過當時臺北別院的中央，因此他們不得不考慮寺院的改建，並自一九○八年（明治四十一年）開始陸續購買南側的土地。先是購得吳昌才氏的一千八百五十餘坪土地，又在一九二二年（大正十一年）十一月向建物會社收購西邊的二百零四坪土地，預定做為未來興建新本堂的基地。

「御廟所」

早期為設立臺灣開基，也就是派遣布教使來臺的二十一世法主明如上人之在臺分骨靈廟，曾於一九一三年（大正二年）在風景優美的北投公園邊購入了土地。但由於其後並未順利施工，一九一九年（大正八年）片山輪番提出目前北投地價已高漲，並且購買的土地為山坡地，興建不易，加上本堂又必須改建，恐難再撥出工程費來建靈廟，因此提議將北投土地賣出，以所得經費在臺北別院所在地興建御廟所，這也成為實際展開新建工程的開端。

一九二一年（大正十年）三月向本山提出申請之後，同年八月確定建築位於中央本堂預定地之南方，十月八日開始著手興建「御廟所」，工程由鈴木組承接，谷口貞吉擔任監造。一九二三年（大正十二年）落成，共花費日圓兩萬九千一百六十七圓六角。原來在茶所側之遺骨堂中收有遺骨一千五百包，在御廟所落成奉遷之際，安置於其後室，之後經過增加或移回日

1923 年完工之御廟所（1935，臺灣圖書館提供）

本等變動，到一九三四年（昭和九年）時編號已至三八九八號。「御廟所」為木構造建築，屋頂以銅板葺成重簷，上有九重相輪，前方有圓弧形之「唐門」。

樹心會館

「御廟所」興建之同年，樹心會館也開始興建。紫雲玄範在一九〇九年（明治四十二年）擔任輪番時就一直希望建會館，後來在興建御廟所之時，片山輪番即考慮使用這筆經費同時興建會館。興建會館的目的，一方面是因應時代的需求，提供作為舉辦演講會等集會堂之使用，也可以作為舉行葬禮之場所，並且若日後市區改正計畫執行，臨時本堂必須拆除之時，也可以作為代用的本堂。在完工之際，由於一九〇二年（明治三十五年）得到兒玉總督親書的賜匾「樹心佛地」，一九二二年（大正十一年）繼任的佐佐木輪番就將其命名為「樹心會館」。從一九二二年（大正十一年）六月二十日開始興建，次年二月十日落成。幼稚園設立後，會館平常上午為幼稚園使用，星期日作為星期日學校與青年會使用，其他時候也作為葬禮等集會場地使用。晚上常舉行演講會或其他會議。

一九二三年完工之樹心會館內部，樹心幼稚園之遊戲活動狀況。（一九三五，臺灣圖書館提供）

為了表現新時代的精神，樹心會館建築採用磚結構與西式木屋架，整體建築配置為T字型，磚牆砌法為一皮全順、一皮全丁的平英式砌法。屋頂形式基本上為「入母屋」（中國稱之為「歇山頂」），屋架為西式中柱式木桁架，屋面鋪設黑瓦。

做為主要出入口，呈圓弧形的「唐門」，是日本獨特的傳統樣式，門廊內的柱子有圓柱和方柱，卻皆為西式，「唐門」內的門廊下則為磨石子地坪。窗戶開口頂部有磚造平拱，多處開口處設有雨庇，雨庇表面為洗石子裝修，並設計有線腳。室內設有舞臺空間，整體來說是結合西式與日式之折衷樣式。

一九二三年完工之樹心會館外觀（樹心會館，一九三五，臺灣圖書館提供）

鐘樓

一九二三年（大正十二年）十一月十六日利用「御廟所」所剩的建材興建鐘樓，總經費為七九七五．四二五日圓，由大石熊太郎負責營造、谷口貞吉為監督。鐘樓位於參道旁，樹心會館的北側與山門的預定地之間，建於高一丈的假山之上，

一九二三年完工之鐘樓（一九三五，臺灣圖書館提供）

從舊照片中可以看到假山上還有植樹，在當時也是很特別的設計。上層為日本「和樣」為主體之近代折衷式木構造，屋頂亦為「入母屋」式，下有精美的斗栱組。

「輪番所」

一九二四年（大正十三年）一月十一日午夜二時，集會所的鄰室客房（當時的臨時輪番所）自浴室發生火災，大火不僅燒毀了集會所，甚至連貴重的藏經、兒玉總督的賜匾也被燒毀，所以在一九二四年（大正十三年）五月著手新建獨棟的「輪番所」，總計工程費七千五百日圓，亦由大石熊太郎負責營造，浦田永太郎擔任監督，於同年九月初竣工。「輪番所」為別院總負責人「輪番」之住所，一九二四年（大正十三年）臺灣開教總監大谷尊由來臺巡教之際，亦曾下榻於這棟新建完成的輪番所。建築上為日式「和小屋」屋架系統，屋頂為葺日本瓦之「寄棟」式（中國稱之為廡殿），牆身為日式編竹泥牆，外鋪雨淋板，下有磚造基礎，上立木造柱樑。

1924年完工之輪番所（1935，臺灣圖書館提供）

「本堂」之興建與升為「臺灣別院」

一九二五年（大正十四年）由二十八位委員組成本堂新建建築計畫委員會，隔年九月與林木川氏交換基地西側之土地，使別院土地西側邊界較為規整，以做為日後新建本堂的基地。一九二七年（昭和二年）決定以本堂為第一期，庫裡、山門等附屬建築為第二期工程，預定總工程經費二十五萬日圓，展開新建工程。為了籌措高額的工程經費，於是開始募集資金，對象以真宗本願寺派的信徒為主，依信徒的居住區域分為十二個區，各區設有主任負責資金募集的工作。信徒可在本堂興建的三年內分三十六個月，以一個月一圓的分期付款方式繳納，亦可分幾次繳納完三十六圓。

本堂的設計是聘請總督府營繕課長井手薰為最高顧問。為考慮蟻害問題，決定以鋼筋混凝土建造臺基，由臺灣技師設計；殿堂部分為木造，由日本技師設計。但是實際上後來都是由井手薰決定設計方針，並推薦監造人員。日本本山決定委託日本松井組擔任施工後，詳細設計由松井組進行、井手薰確認。

本堂面向東方，也就是面朝原有的臺北城牆，這是由於考量日後都市計畫實施後將開闢為道路，所以以後寺院的正門將改為朝向新開的道路。籌畫興建新本堂期間，一九二九年（昭和四年）二月二日即改名為「臺灣別院」。而本堂於一九三〇年（昭和五年）開工，隔年即竣工。

為適合臺灣風土，作為本堂臺基的一樓，現況高約三百八十公分，正面約三十四．二公尺，縱深約三十三．五四公尺，高約二十三公

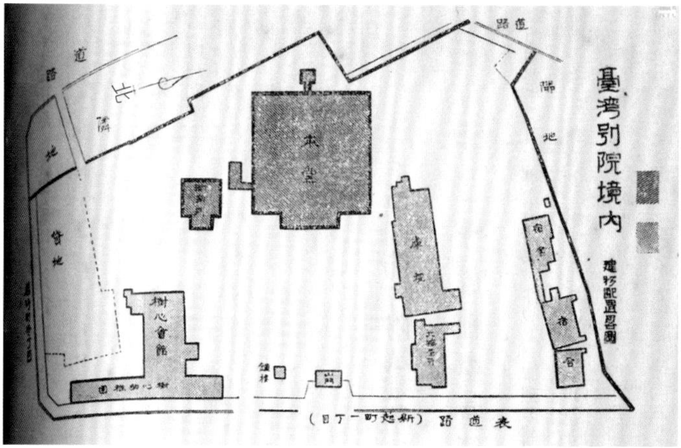

一九三一年本堂完工後的「臺灣別院」建築配置圖（一九三五年，臺灣圖書館提供）

尺。一樓本來計畫作為圖書室、會議室、事務室、輪番室、娛樂室、餐廳、倉庫等，但後來並未實際裝

1931 年完工的本堂外觀（1935，臺灣圖書館提供）

修完成。由於作為大殿臺基的一樓遠較日本傳統的作法更高，因此階梯分為兩層，在「向拜」之上又有階梯，臺基外觀部分使用洗石子，部分使用臺灣產的安山岩。

臺基上方的木構造殿堂工程，基本上是以「和樣」為主體的折衷樣式。屋頂形式為「入母屋」，山牆上有懸魚、斗栱組和「蟇股」（由於形狀像青蛙的腿而有此名，事實上是由中國建築構件中的「人字形補間」變化而來）裝飾。正面七開間，入口之「向拜」（入口門廊）內有形似龍蝦的「海老虹梁」，是日本本土佛殿常有的作法。由於規模相當大，成為西門地區的地標，戰後也被稱為「大廟」。

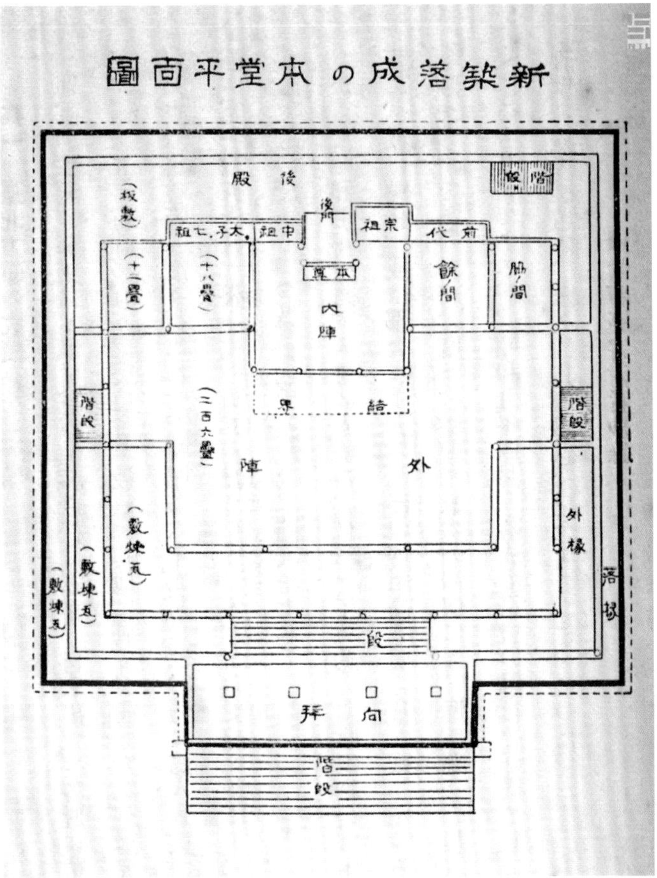

1931 年完工的本堂平面圖（本堂平面圖，1935，臺灣圖書館提供）

「本堂」內部有鋪二〇六帖榻榻米凸出的「外陣」，在入口處有呈U字型的鋪磚區；「內陣」鋪木板，亦在中央處凸出，兩側有鋪榻榻米的「餘之間」與「脇之間」。「內陣」中間供奉「本尊」（阿彌陀佛），後方有門供儀式進行時之出入，兩側供奉「宗祖」（親鸞聖人）與「中興之祖」（蓮如上人），左側「餘之間」供奉「前代」，右側供奉「聖德太子」與「七祖」。「內陣」與「外陣」之間有立有矮欄杆的「結界」，「內陣」上方的「欄間」有金黃色的蓮花雕刻，非常華麗。

上｜1934 年山門完成後的臺灣別院入口全景，沿著道路邊可以依序看到山門、鐘樓與樹心會館。
（臺灣別院全景，1935 年，臺灣圖書館提供）

下｜1934 年庫裡完工後，在庭院中可以看到御廟所、本堂、庫裡、輪番所和山門。
（臺灣別院全景，1935 年，臺灣圖書館提供）

「庫裡」

本堂完工後，由於募款不易，做為新建工程第二期的庫裡建築因經費不足而不得不暫停。一九二六年（大正十五年）五月，基地境內東側緊鄰鐵道沿線的土地，因為市區改正的關係，有四百六十七坪土地被徵收作為道路用地。歷經交涉後，終於在一九三三年（昭和八年）得到九千三百五十五日圓的補償金，於是計畫由這筆經費來興建庫裡。但在設計過程中規模逐漸被擴大，工程費增至三萬日圓。由浦田組負責營造，鈴木、川本兩氏負責監督與設計。一九三四年（昭和九年）竣工，完成兩層樓美輪美奐的庫裡建築。

山門與參道

在著手進行庫裡興建工作時，芝原輪番在為松本鋭二「肝煎」（相當於理事或董事，是淨土真宗佛寺中重要的領導階層）舉行之法會後，談起希望興建山門的事。由於松本幼時即受佛法感召，當時又逢母喪，為報佛恩便決定捐獻興建山門。山門的興築在一九三四年（昭和九年）開工，三個月即完工。形式是總督府技師井手薰依照日本法隆寺的山門設計而來，因興建時間緊迫，山門旁圍牆僅能以較簡單的形式興建。由於山門有多餘的款項，因此委員會立即決定鋪設寬四．五五米、長約三十五米的石參道，由筒井竹一承包，並在二個月內就完工。一九三四年（昭和九年）所有的建築終於全部興建完成。

戰後的變化

二次大戰後，真宗本願寺派隨著日本政府撤出臺灣。西本願寺臺灣別院由國軍第六軍團接收，接著一九四五年十二月福建音專校長蔡繼琨來臺成立「臺灣警備總司令部交響樂團」，臨時設於尚未復校的第三高女（今天的中山女中）校舍，後來就遷至原西本願寺所在地。一九四六年臺灣行政長官公署成立後，改稱為「臺灣行政長官公署交響樂團」，一九四七年臺灣省政府成立後，又改稱為「臺灣省政府交響樂團」。一九四八年後改由臺灣省藝術建設協會經營，經費也變成必須自籌自足。一九五〇年歸臺灣省教育廳管轄，簡稱「臺灣省交響樂團」。

除了交響樂團，當時此處還包括有管弦樂隊（約八十人）、管樂隊（當時又稱為軍樂隊，約四十人）與合唱團（約六十人），通常早上樂隊練習，晚上合唱團練習。著名的音樂家林秋錦、呂泉生、馬思聰等都曾在此練習，並在中山堂或新公園的露天音樂臺表演。一九五七年臺灣省立師範學院音樂教育系戴粹倫主任，兼任省交第三任團長，在師院（今天的師範大學）興建樓房作為省交練習廳和辦公室後，交響樂團才遷出西本願寺，一九七一年再遷至霧峰。

在口述歷史的記載中，二二八事件的前後都有人被送至西本願寺拘留的紀錄。但實際上，紀錄中所說的西本願寺應是指東本願寺（後來的獅子林所在地）。會產生這樣的誤解，主要是因為位於西門外的西本願寺，實際上位於東本願寺東南方，如果不了解淨土真宗的歷史，很容易將西本願寺誤以為是東本願寺。

理教公所

另一方面，戰後西本願寺所在地常被稱為理教公所。理教創立於一六四三年，約中國明末之時，是融合儒釋道三家為一理之新興宗教。一九四九年，理教首領之一，國民黨少將高參趙東書到臺，次年春召集從大陸來臺的一些理教信徒商議復教，該年五月二十五日獲准以「中華理教總會」名義重新登記。一九五〇年理教在臺召開首屆全國會員代表大會，由已成為國大代表之趙東書先生當選在臺首任理事長。一九五四年獲准使用西本願寺為中華理教總會。一九五五年，國民黨中央黨部和內政部指令撥出原日本佛教淨土真宗在臺北的西本願寺寺址，作為理教總公所；總領正提點大法師由趙東書出任。於一九六五年在同地成立臺灣清心堂公所，由總領正趙東書兼任主持，開壇傳教。

除了交響樂團與後來的理教公所外，戰後在原西本願寺基地內曾有上百戶的居民聚居。聚居情形的開端，是由於戰後初期開始有軍方家屬借用樹心會館及其周邊鄰房居住，後來國民政府來臺，國軍第六軍團進駐後，西本願寺曾變作為傷兵所。隨著來臺人口增加，即將原有建築分隔成更多的居住單位，並增加隔層。原「庫裡」、「輪番所」與後來於鐘樓後方搭建的臨時建築皆成為移民聚居之處。另一側，也就是位於今天長沙街上的原有宿舍，則成為樂團成員與家人的居所；直到一九五八年開闢長沙街，原有宿舍才被拆除。在一九五七年至一九六一年間交響樂團遷至師大後，原來他們使用的空間由一九五五年來臺的一部分大陳義胞遷入居住。

發生火災

一九七五年四月五日傍晚發生火

災，本來作為理教公所佛堂之「本堂」建築被燒毀，損失慘重，趙東書力謀重建，卻回天乏術，留下遺憾的於一九八〇年六月二十九日去世。之後在本堂之階梯與臺基上興建臨時的辦公室與佛堂，沿用至二〇〇五年。

一九七五年發生火災後，御廟所、本堂與庫裡被燒毀，除原有居民外，又有新來的移民在燒毀的「本堂」、「庫裡」、「御廟所」上搭建臨時住宅居住。其間，有的原住戶也開始將臨時住屋或租或讓給中南部來的移民。原來的鐘樓等建築都被改造為住家，已作為理教公所的本堂臺基內部被分隔為許多房間，成為洞穴般的住居。西本願寺原址曾經住有八百多人，兩百多戶人家，每人平均面積只有六平方公尺，有的人家還必須使用公共廁所。但這些狹窄的住家，在搬遷之前多數仍然整理得乾乾淨淨。

一九八三年由萬仁導演、蘇明明主演的電影《油麻菜籽》中，部分場景即是在當時的西本願寺原址拍攝，可由電影中看出當時居住於其中的居民生活。電影中的主角以「御廟所臺基」上的臨時加蓋屋做為住所，此外由電影場景中，可看到已被燒毀的本堂臺基、屋頂未搭建鋼浪板前的樹心會館，以及山門與參道。山門後來在鐵路地下化工程中也被拆除。

成為廣場和文化資產

西本願寺所在地之周邊，為配合鐵路地下化工程及都市發展趨勢，一九九二年十月二十日將對面之中華商場拆除，二〇〇〇年為加速地區更新開發並符合都市機能，公告劃定為臺北市都市計畫更新地區。西本願寺附近土地，在都市計畫中原為第四種商業區，土地權屬中華民國，由於現況環境窳陋，缺乏服務性公共設施及都市計畫防災空間，且該地區經原管理機關財政部國有財產局，自一九九六年至二〇〇四年辦理多次公開標售均無法順利標售土地。但鑒於西門地區更新計畫陸續完成，西本願寺周邊地區的改造應該配合啟動，臺北市政府遂於二〇〇五年一月十七日將該土地經都市計畫變更為公共設施廣場用地。

對於該地區拆遷整體計畫，臺北市政府於二〇〇四年成立專案小組，由市府相關單位開始前置作業，工務局公園處配合更新計畫編列二〇〇五年度預算四億八仟餘萬元，進行基地內違建戶補償及拆除。因在拆除前已發現部分違建搭建在原西本願寺之鐘樓、樹心會館、輪番所與本堂臺基等遺跡之上，因此決定在拆除過程中凡涉及歷史遺跡及樹木部分，必須以人工方式拆除及清運。在違建被拆除後，古蹟的形貌露出，於是文化局指定鐘樓與樹心會館為市定古蹟，「輪番所」、「本堂」臺基、參道等登錄為歷史建築。

二〇〇五年拆除工程進行前的全景（王惠君提供）

　在拆除工程進行前，還有一些懷念這裡的小吃而專程趕來的顧客。原來是因為過去居住在這裡的移民為了謀生，開始經營小吃店，這些經營了幾十年的小店也將隨著廣場之建設而消失，因此媒體開始報導這裡的小店，和他們有特色的食物。在沿中華路的樹心會館這一邊有江浙小吃三友飯店、趙記山東饅頭、開開看江浙小吃、貓耳朵等，還將樹心會館磚造建築隔成二層樓菜館，沿著磚牆設置送菜升降機。原有的「輪番所」那邊有搶鍋麵和天天來生煎包等。因為這裡的地利，以及有特色的食物，過去幾乎家家都是生意興隆，有些商家之後在附近找到店面繼續經營，而有的老闆則就此退休，過去的食物也成為絕響。這些有趣的報導還吸引了更多舊雨新知趕來購買，並且親眼目睹部分留存的西本願寺建築。

拆除前臨中華路的小吃店（王惠君提供）

　更令人想不到的，在西本願寺終於因戰前與戰後的種種空間意義而被指定為市定古蹟之後，於拆除工作進行期間的某個夜晚，就發生了火災，使好不容易清理出來的樹心會館建築遭到火燒，雖然查知為人為縱火，但是在找不到兇手的狀況下，再度引發火燒後的建築是否該保存，或是解除指定的討論。幸運的是因樹心會館建築為磚造，上面的木屋架並未完全燒毀，今天已修復完成，成為展示與活動的空間。

由於臺北經歷的歷史和社會的改變，這裡的特別際遇使得許多來自不同地方、不同領域的人，都曾和這個地方發生關係。西本願寺已經不只是一個單純出現在歷史中的佛寺，對不同世代的人來說，因為不同的原因，西本願寺和理教公所也成為大家回憶的一部分。

樹心會館前拆除工程進行中的狀況（王惠君提供）

二〇〇五年火災後的樹心會館（王惠君提供）

修復完成後的鐘樓現況
（鐘樓現況，王惠君提供）

左上｜修復完成後的「本堂」臺基現況（王惠君提供）
右上｜修復完成後的「輪番所」現況（王惠君提供）
下｜修復完成後的樹心會館和鐘樓（王惠君提供）

7 「埋立地」：填土地

原本在艋舺、大稻埕之間，位於臺北城西側的低地，在清代時只有一兩戶人家，此外在西臨淡水河側的江瀕街、將軍街等由艋舺街區沿河岸向北延伸而來的道路兩側，亦有建築存在。一九〇〇年（明治三十三年）日本政府對包括低地的艋舺地區進行土地調查，將原來清廷官方所管的天后宮、粟倉、義倉、鹽倉、育嬰堂、養濟院、同善堂、官兵宿舍、救濟院等擁有的土地皆列為官有地，成為可以與民間換地整理合併的用地。日本人來臺後，日本民間人士也開始購買本處原來只是田地的土地，抬高地基後興建建築，使得西城牆邊與新起街北側增加了很多建築。

而西門外的新起街北側本來是由艋舺郊商王純卿在一八七三年（同

治十二年）為興建公塚而設立同仁局，向其他紳商一起募款購得之土地。除了作為墓地之外，也建有祠堂供奉靈位，並在其他空地招募佃農，以佃租來負擔管理費用。後來與同善堂合併，開路後亦租地給人建屋。日治初期，建築日漸增加，一九〇二年（明治三十五年）遂將墓地遷至崁頂，後來昭和年間（約一九三八—一九四一年間）又將墓地遷至下內埔芳蘭山下。

在日治初期的艋舺地區之北側除了田地外，還有水池，在一九〇五年（明治三十八年）的臺北市區改正全圖中可以看到水池縮小，田地擴大的狀況，包括後來的第五小學校所在地仍為大片田地。但是，由於當時的艋舺沿淡水河地區地勢低，每逢大雨便積水不退，更有河水倒灌氾及農田之虞。

一九〇五年（明治三十八年）的

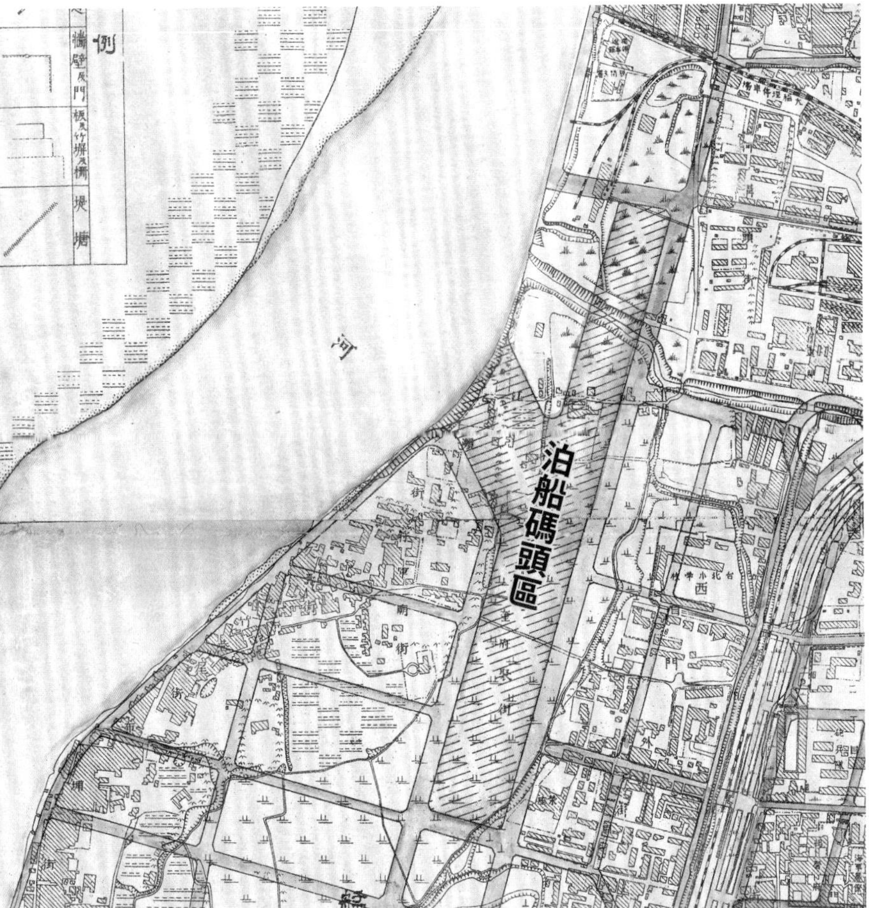

一九〇五年市區計畫中的西門外填土地，中間設有泊船碼頭區。（市區計畫圖，一九〇五，中央研究院人社中心GIS專題中心：臺北市百年歷史地圖提供）

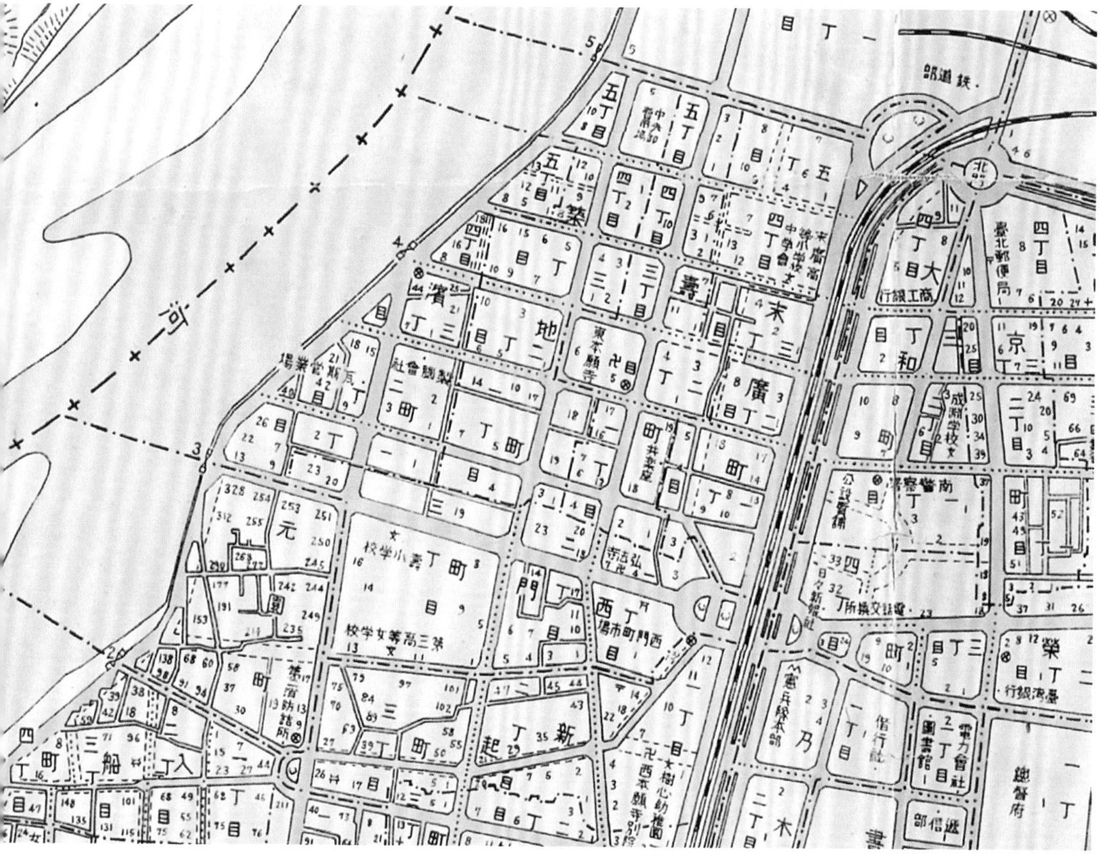

1930 年的地圖中，市區計畫已經大部分完成，碼頭區被取消。
（市區計畫圖，1930，中央研究院人社中心 GIS 專題中心：臺北市百年歷史地圖提供）

市區改正計畫中，西門外填土地亦被劃入計畫範圍內。這次的市區計畫基本上以原有道路為構架，延伸到周邊，在適當的位置新加垂直與水平於原有道路與拆除城牆後的新道路。西門外本來只有通往艋舺的新起街，在新的市區計畫中，仍保留這條道路，但也增加其他聯繫臺北城內的道路。這一次的計畫還在北側低地劃設泊船碼頭區。

但實際進行「艋舺低地埋立計畫」時，廢除了碼頭區的構想，全區都填高成為新街區。一九一三年（大正二年）臺北廳土木股展開測量工作，進行精確之所有權區分，計算出填土面積與所需土方，由臺北廳負責尋找土方，但不編列預算，由地主直接與包商訂約。

此次填土範圍包括原艋舺江瀕街等十二街，總面積十一萬二千九百餘坪；所預定填土標高為二十一尺，最低處需填十一尺六寸，最高處則填五寸，平均填土的高度為八尺一寸餘，而淡水河高漲時約為十三尺高，因此填埋之後可免於浸水之患。又該項工程每坪之填土費用為三圓二錢，外加監造費用十八錢，共需每坪三圓二十錢，總工程費用為四十四萬八千七百圓，由國庫與請願業者共同分擔。

填埋用土本來預定使用河砂，但由於疏浚取砂的費用過高，大部分的土是由中崙（今天的松山）之五萬二千五百三十六坪土地與加蚋仔庄八張犁之二萬二千八百三十三坪土地取得，由鐵道與輕軌運送而來。

位於中崙之取土場（一九一九，臺灣圖書館提供）

在西門外街進行之填土工程（一九一九，臺灣圖書館提供）

從新起街延伸至大稻埕河溝頭街之暗渠工程（一九一九，臺灣圖書館提供）

填土工程由澤井組得標，一九一六年（大正五年）完工後，於一九一八年（大正七年）進行土地重劃，一九一九年（大正八年）完成。一九二〇年（大正九年）在今天的西門國小校園中設立的「埋立地紀念」石碑，刻字說明了這一段過程。

填土工程完成後，加上實施市區計畫後開闢整齊的道路，使得原來商業鼎盛的西門一帶更為繁榮，並且一直延續到戰後。另一方面，窪地填平後也使得原來的三市街開始真正連接成一體，新規劃的市街不只提供了住宅和商業用地，也適時的提供了學校用地，甚至東本願寺也在這裡購得土地，使臺北都市範圍更向西邊擴大，都市發展也更向前邁進了一大步。

8 「壽小學校」：今天的西門國小

雖然在明治時期就已經分別在臺北城的西北角、東側、南側與東北角，設立了四所提供日本學童就讀的小學校；然而隨著西門外商業的發展，來此定居的日本人也越來越多。一九一四年（大正三年）第五小學校的預定地即確定設在艋舺後菜園街，也就是西門外的「埋立地」，並完成建築設計。因此在「埋立地」測量規劃完成，確定填土高度後，即先開始進行小學校的建築工程。所以雖然整體填土工程在一九一七年（大正六年）才完成，但小學校在一九一五年（大正四年）八月即落成。

隨著「臺北第一尋常高等小學校」在一九一五年（大正四年）四月一日，改為高等小學校，尋常科的學童即轉入「臺北第五尋常小學校」，共計有學童六百三十一名，正式開校授課。這一年除原有的第一尋常小學校改為高等小學校之外，第二、第三與第四尋常小學校的名稱分別改為城東、城南與城北尋常小學校，所以新設的「第五尋常小學校」亦改為「城西尋常小學校」。

但是新設的第五小學校由於校舍尚在興建中，因此三年級以下的學童共六班，仍然借用高等小學校的教室上課；而四年級以上的男、女各三班合計六班，則是以後菜園街新校地上南端的「屋內體操場」作為臨時教室。由於是將「屋內體操場」暫以隔板分成六間教室上課，除了空間非常狹窄之外，臨時教室沒有設天花板，使得各班上課的聲音相互干擾，特別是其中有一班進行歌唱教學的時候，干擾更為嚴重。另外，也沒有置物處，使得學生沒

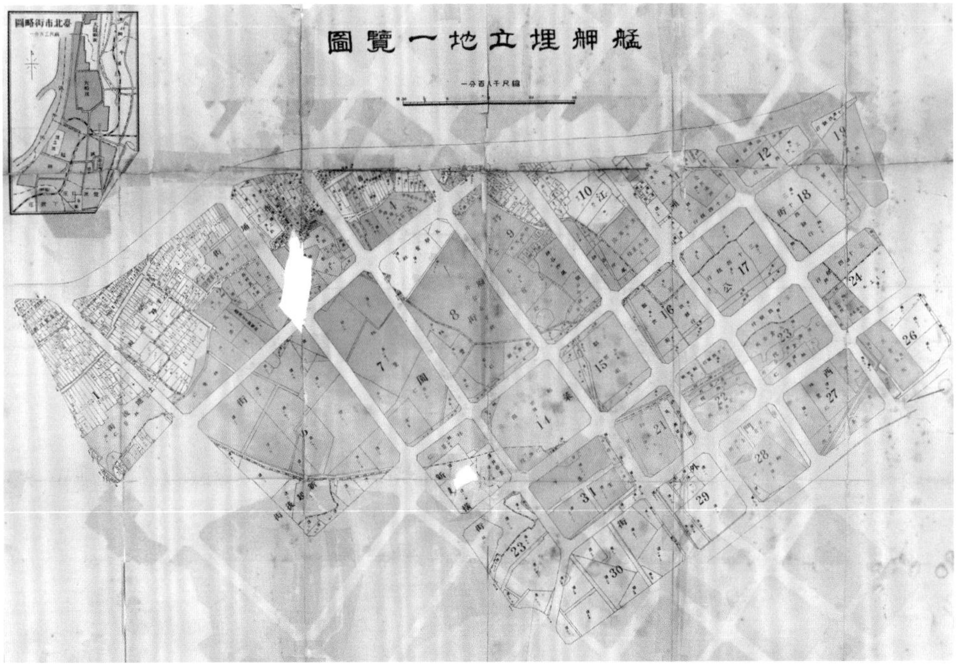

1913 年整理合併前之土地分割狀況（艋舺埋立地一覽圖，1919，臺灣圖書館提供）

1919 年整理合併後之土地持有狀況（艋舺埋立地分合整理圖，1919，臺灣圖書館提供）

有地方放外套和傘具等。

一九一四年（大正三年）的規劃設計圖中，校舍呈現「ㄇ」字型的配置，然而實際上在第一年預定興建的部分，除了上述先作為臨時教室的西端木造「屋內體操場」外，主要興建的部分是「ㄇ」字中間的北棟建築。這棟建築中，一樓為低年級學童教室、職員室、值夜室、接待室、標本室、急救室、工友室及倉庫等；二樓除了高年級教室之外，還有歌唱室、「作法裁縫室」、講堂及倉庫等。教室共有十二間，而位於二樓中央的講堂，是長三十．六公尺、寬十八公尺的大空間，其內的「作法裁縫室」為和室空間，讓學童可以學習日式禮儀，有八疊的「座敷」及四十二疊的「大廣間」，樓梯位於兩側，男女童有各自的入口，一、二樓各有兩處洗面所，共有四處，木造廁所位於一樓，分別在教室的兩側。

一九一五年（大正四年）只有完成北棟建築，這棟磚造二層建築上有鋼桁架的「寄棟」式斜屋頂，由於周邊還很空曠，所以上面還立有避雷針。中央有突出的門廊，上方有西式的山牆出簷，下有半圓窗，兩側有雕飾；上下推拉窗戶和上方的迴旋窗上有栱心石和窗楣的西式開窗，下方還有防護欄杆；從照片來看是相當華麗的建築。

到了一九一六年（大正五年）已

上：西門國小內的「埋立地紀念」石碑（埋立地紀念石碑，王惠君提供）

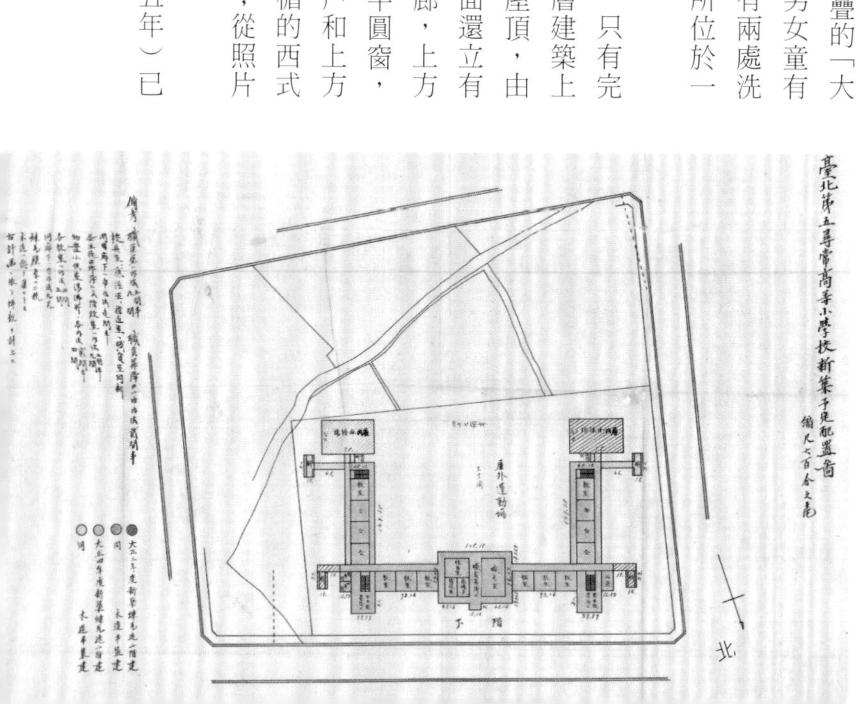

一九一四年規劃設計之臺北第五尋常高等小學校配置圖（一九一四，國史館提供）

經有十五班，學童人數增加到七百六十人。一九一七年時西棟的八間教室落成，但東邊的校舍則未興建，呈現L形的配置。當時因為與南側的高等女子學校相近，甚至沒有圍牆相隔，但兩校上下課時間不盡相同，因此發生兩校的鐘聲彼此造成混淆的問題。為此在一九一九年（大正八年），城西小學改用電鈴示意上下課時間，在每二到三間教室之間的走廊上裝置一個電鈴，並在工友室與事務室設置按鈕，而不再使用其他學校的敲鐘方式。

一直到一九二一年（大正十年）東側的教室才開始增建，完成一樓與二樓共二間，一九二二年（大正十一年）再完成二間，一九二五年（大正十四年）繼續完成二間教室建築。此外一九二二年（大正十一年），因地方改正及新町名的公布，位於壽町的「城西尋常小學校」又改名為「壽尋常小學校」。

一九二五年（大正十四年）時創校十年，學童人數已經有一千一百五十四人，班級數量增至二十四班。一九二九年（昭和四年），校內「奉安殿」落成，位於校地的最南端。一九三一年（昭和六年）再完成二間教室，一九三四年（昭和九年）繼續完成二間教室，使東側的

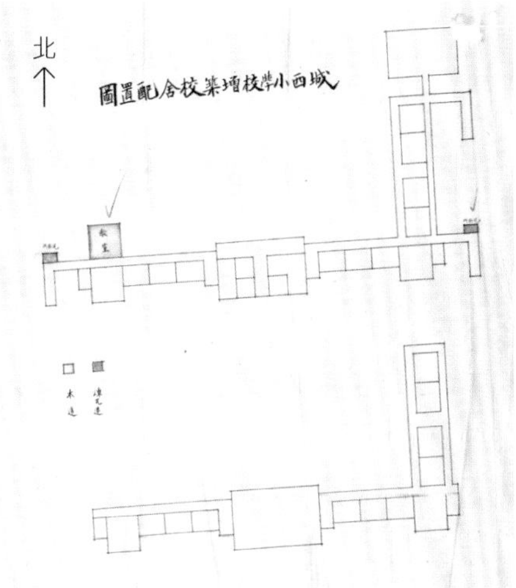

一九二一年興建東側教室，二層樓共兩間，圖面紅色部分。（大正十年城西小學校增築校舍配置圖，一九二一年，國史館提供）

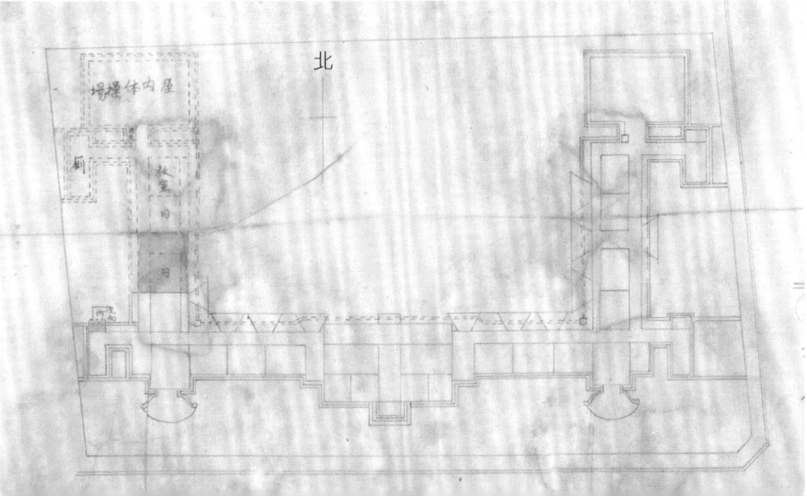

一九二二年再接著興建東側的二層教室，圖面紅色部分。虛線為預定興建的教室和屋內體操場、廁所、水溝等。（大正十一年增築配置圖，一九二二，國史館提供）

教室比西側要多兩間，但預定興建的東側女生「屋內體操場」最後並未興建。一九三五年（昭和十年）又新設保健室。

一九四一年（昭和十六年）國民教育令頒布後，「壽尋常小學校」成為「壽國民學校」。這一年還在校園的東南角，設立了臺北市小學中的第一座游泳池；並且舉行游泳比賽，其他的南門、樺山、建成等國民學校學童也來參加。戰後雖然日本人都返國，但由周邊的其他學校轉來學生，改成西門國民學校；原來的奉安殿也改為孔子廟。一九六八年再改為西門國小，日治時期的校舍陸續被拆除，興建為三層到五層的校舍。

一九三五年之壽尋常小學校建築外觀（壽尋常小學校，一九三五年代，臺大圖書館提供）

一九三五年新設的保健室（學校衛生室，一九三五年代，臺大圖書館提供）

8 第三高等女學校

日治時期第三高等女學校曾經位於西門國小的南側，是源自一八九七年（明治三十年）最先設立的女子學校——臺灣總督府國語學校第一附屬女子分教場。原先校舍是租用位於芝山巖開漳聖王廟內的國語學校附近的陳紅九大厝，學生大多住在附近，步行即可到達的距離，家裡大多是經商或從事買賣。

次年，改稱為「國語學校第三附屬學校」，並設置六年制本科和三年制手藝科，手藝科招收本科畢業生，成為當時臺灣最早的中學女校，相當於現在的初中。本科招收的女

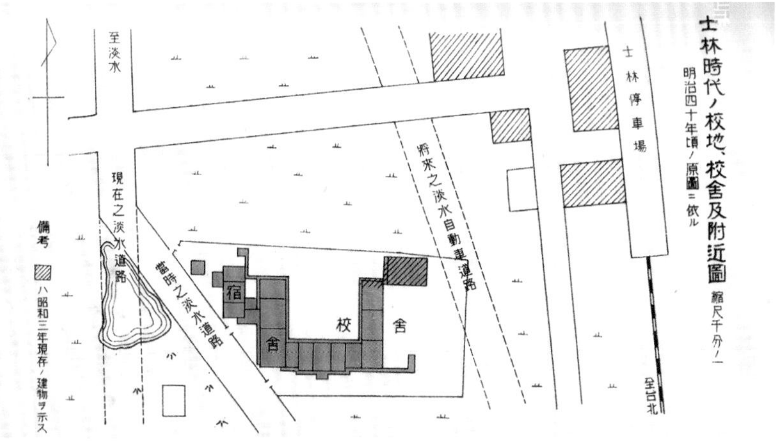

創校於士林時之校舍和附近圖。出自《臺北第三高等女學校創立滿三十年記念誌》，創校三十週年為一九二八年，但本書實際於一九三三年，由校友會出版。（士林時代校地校舍及附近圖，一九三三，臺灣圖書館提供）

明治三十一年（一八九八年）兒玉總督巡視記念所拍攝之師生合照，背景即為當時借用的陳紅九大厝。（創立當時職員生徒，一九三三年，臺灣圖書館提供）

生學齡為八到十四歲，教授修身、國語、讀書、習字、算數、唱歌；手藝課招收十四歲到二十五歲的女學生，教授國語、讀書、習字、算數，再加上裁縫、編織、刺繡等科目，希望透過學校教育使臺灣人能更了解家政育兒的方法。

後來因為士林畢竟離市區較遠，為方便學校主事者能兼任或管理數校，所以決定遷校。一九〇八年（明治四十一年）遷移到艋舺，借用艋舺公學校的三間教室上課，宿舍設在祖師廟內。原來住在士林的學生雖然多數退學，但相對地艋舺與大稻埕地區的女學生即可就近入學，所以學生人數並沒有因此而減少。一九一〇年（明治四十三年）更名為臺灣總督府國語學校附屬女學校。一九一二年（明治四十五年）學生人數從四年前的八十四人增加到一百多人。

新校園和校舍

一九一三年（大正二年）至一九一五年（大正四年）淡水河護岸堤防分段施工完成後，解決了艋舺地區長年以來的河水倒灌問題，同時開始規畫進行填土工程。需要校地的女學校，也在其中找到官方管理的仁濟院所有之土地，再透過土地交換，和第五尋常小學校一起向政府租用，在小學校南側設立女學校。一九一五年（大正四年）遷校時學生已有一百三十五人，由於設有宿舍可以住校，開始有來自全臺各地的女學生到這裡就學。課程中也增加地理與歷史課以為師範教育做準備。

在遷校之前，一九一四年（大正三年）即先興建二層樓寄宿宿舍本館與食堂建築，其間還有用來種植從士林建校以來，重要來賓來訪時親植樹木的區域。一九一五年（大正四年）興建校區的本館二層建築，以及和本館以廊道相連，位於東北角的屋內體操場。一九一六年（大正五年）又在寄宿舍東南角興建教職員的官舍；在這一年的地圖上，可以看到這些完工落成的建築。一九一八年（大正七年）學生開始超過兩百人，寄宿舍也在本館左前方增建巽寮二層建築，校區增建北側的二層上下兩間教室。由於原來學校所在地是窪地，所以早期校園內連樹木也沒有，顯得非常荒涼；因此在學校前方入口處設有東西四十五公尺，南北二十七公尺的空間作為散步場，在其間種植樹木，設置花臺，還在白砂庭上造有南北十四．四公尺，仿臺灣島的假山。

一九一九年（大正八年）「臺灣教育令」頒布後，該校取消普通科，改為「臺北女子高等普通學校」，

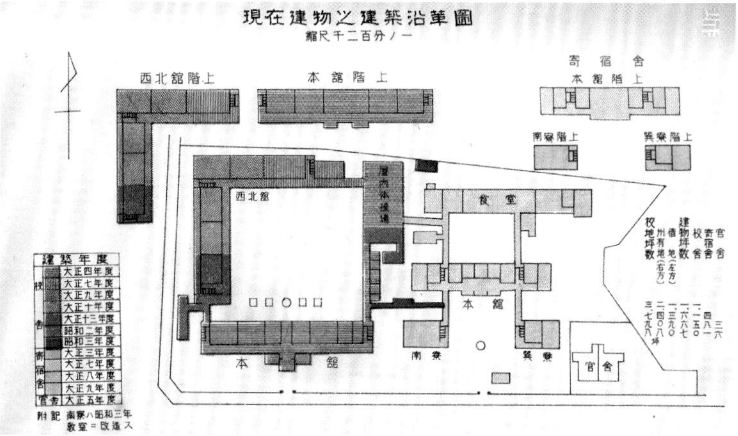

第三高等女學校校舍興建時間與建築配置圖（1933，臺灣圖書館提供）

成為獨立的學校，並附設臺灣唯一的女子師範科。本科畢業生繼續念一年，即可擔任公學校的教職；並以艋舺第二公學校為師範科的附屬小學。這一年並擴建食堂。一九二○年（大正九年）增建南寮二層建築，並繼續增建北側的二層上下共四間教室。一九二一年（大正十年）接著興建西側的二層樓教室，上下共四間。

一九二二年（大正十一年）校名改為臺北第三高等女學校（簡稱「三高女」），這一年也開始收日本女學生，一九二七年（昭和二年）以後每年有約百餘位日本女學生就讀。就學時間也從三年延伸到四年。在一九二八年（昭和三年）師範學校女子部設置之前，女老師的培育都是來自這樣的女子中學。前面提到的手藝科，亦是臺灣女教師的搖籃，當時該科的畢業生，多被延攬到臺灣學童就讀的「公學校」教書。

一九二四年（大正十三年）繼續在西側興建教室，完成西北館的教室，形成磚木造的口字型校舍，中央為操場。教室與宿舍之間有長廊相連。在佔地三千七百九十八坪的校區中，從一九一四年（大正三年）到一九二八年（昭和三年）共興建了一千六百六十七坪建築物，包括校舍一千一百五十坪，學生宿舍四百八十一坪，教職員宿舍三十六坪。在一九二八年（昭和三年）的地圖

新校舍外觀（1933，臺灣圖書館提供）

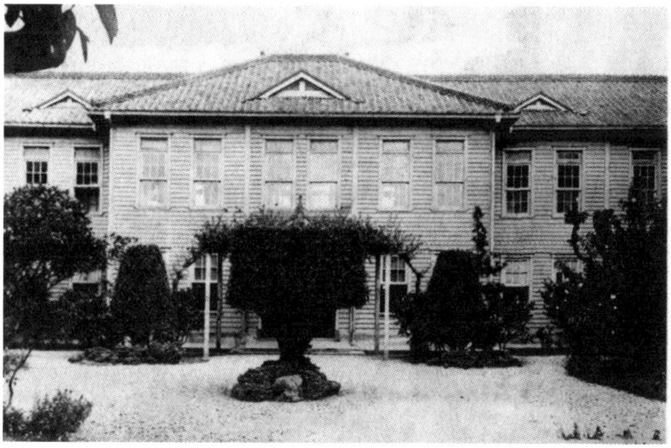
學生宿舍外觀（1933，臺灣圖書館提供）

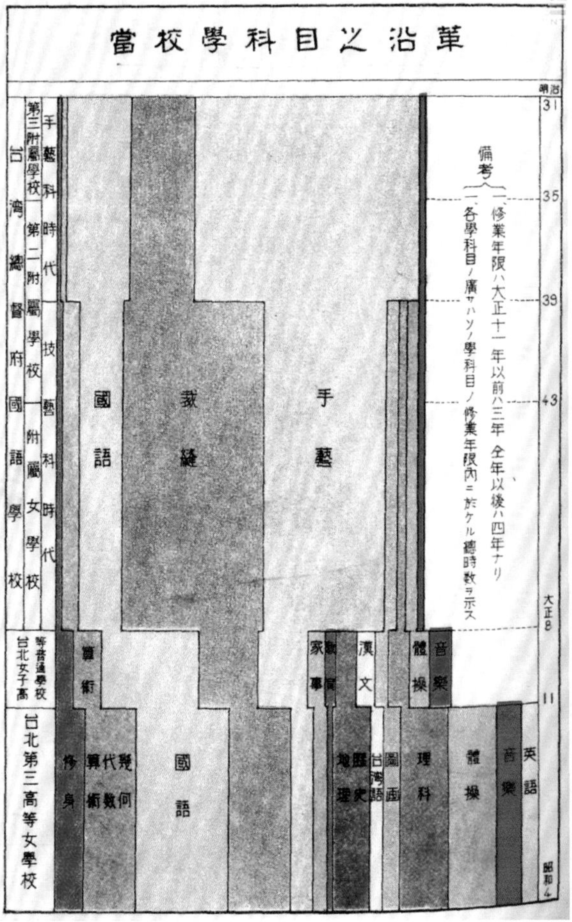

學校授業科目之改變過程（當校學科目之沿革，一九三三，臺灣圖書館提供）

上，已經可以看到學校與宿舍建築。一九三二年（昭和七年）即為全部建築完成的狀況。

另一方面，一九一九年（大正八年）以後，彰化、臺南、嘉義、基隆、新竹、高雄、花蓮、屏東、宜蘭、臺東、臺中、馬公等地，陸續設置臺灣女子就讀的中學，臺北第三高等女學校就不再是唯一招收臺灣人的女中。

然而，在西門外的這段時間，最特別的是第三高女也是日本重

北白川宮成久王與王妃兩殿下蒞臨之照片（北白川宮同妃兩殿下御臺臨，一九三三，臺灣圖書館提供）

要皇族來訪時的參觀地點，包括一九一六年（大正五年）閑院宮載仁親王與王妃來校參觀當時附屬女學校的技藝科三年級的刺繡課。一九一七年（大正六年）北白川宮成久王與王妃蒞臨本校，除參觀授課外，還在校園內庭各親植榕樹一株。一九二〇年（大正九年）久彌宮邦彥王與王妃蒞臨該校，亦手植榕樹各一株。一九二三年（大正十二年）年皇太子裕仁親王與皇太子妃來臺訪問時，於四月二十六日下午蒞臨本校，並親自參觀國語、刺繡與音樂教學。一九三一年（昭和六年）賀陽宮恆憲王亦曾蒞臨。

遷校的過程

賀陽宮恆憲王來訪時，即認為校園太小，應該要遷校。就現實狀況來看，與其他後建的女學校相比，臺北第三高女每人平均可用面積是最小的。加上既有的木構造建築在興建十七年後有蟻害問題，同時北面與壽小學校緊鄰，其他三面皆臨道路，無法擴建，因此預定遷校於三橋町西葬儀堂附近的新校地。

然而，艋舺的地方人士卻反對這樣的計畫，因為第三高女是臺北唯一一所臺灣女子就讀之高等女學校，且為當地唯一之中等學校，若遠遷至三橋町，除了當地的女學生需長途跋涉之外，又因新校地位於叢葬之地，被認為不適合作為學校之所在，因此希望將壽小學校遷移到其他地方，而第三高女依舊留於現址。次年亦有大稻埕地方人士提出希望第三高女新校地設於大稻埕的請願，以及升格私立靜修女高為臺北第四高女之建議等。到了一九三三年（昭和八年）創校三十五年時，第三高女家長會發起「校地改善助成會」，推動興建新校舍。最後在一九三五年（昭和十年）時決定將第三高女轉移至上埤頭朱厝崙，並於一九三七年（昭和十二年）七月順利遷校，後來成為今天的中山女高。

一九三五年（昭和十年），當時的校長曾到日本考察，並將所搜集到的照片、設計圖與預算等資料提供臺北州土木課參考。二年後興建完成，遷移至十多公里遠的新校地時，也將原西門町舊校舍中，曾作為許多皇族來訪時的休息室之原有講堂，也就是本館二層西式木造建築，拆解後移建至新校地，稱為光榮紀念館。次年之一九三八年（昭和十三年），新校舍順利完工，一樓有集會室、同窗會圖書室、同窗會事務室、休息室、皇國文化室、學友會備品室，二樓則為光榮紀念室、光榮紀念品室、學生圖書閱覽室、與同窗會講習教室。

光榮紀念室內部（一九三三，臺灣圖書館提供）

遷校後的校舍

留在西門外的校舍，在一九三七年（昭和十二年）三月十五日設立臺北市立家政女學校，七月三日高女遷走後，即由家政女學校專用。一九四四年（昭和十九年）家政女學校改名為臺北市立商業實踐女學校，並遷到福住町的新校園，也就是今天金華國中的所在地。

在此之後，原有的校舍再交由前一年遷入的臺北第四高女使用。根據日本的臺灣史料收藏家三田裕次提供的《臺北州立臺北第四高等女學校概況書》，臺北第四高女於一九四二年（昭和十七年）四月設立，同年四月三十日於第三高女舉行開學典禮，一九四三年（昭和十八年）三月三十一日遷入西門町校舍。所以一九四三－一九四四這個學年，第四高女和家政女學校應該是共用同一校舍。臺北第四高女到一九四五年終戰時，計有四屆學生七百八十七人，共十六班。一九四五年十二月八日改名「臺灣省立臺北第四女子中學」，同日臺籍學生五十二名移往北一女，北一女的日籍學生一千零一名則移至北四女。

一九四七年臺灣省立臺北高級醫事職業學校成立於此，北四女很可能在這之前已裁撤。一九五四年這裡改為臺灣省立護理專科學校，後來在一九八五年遷到北投石牌的新址，內江街的校區則作為城區部，一九九四年省立護專升格國立臺北護理學院，二〇一〇年又升為國立臺北護理健康大學，目前有長期照護研究所、聽語障礙科學研究所、健康事業管理系暨研究所位於城區部。

9 東本願寺

在西門填土地興建別院的東本願寺，是淨土真宗大谷派在臺灣興建的寺院。大谷派來臺布教較本願寺派為遲，一八九七年（明治三十年）七月從軍布教使大山慶哉來臺，在大稻埕千秋街（後來的永樂町一町目）設置說教所開始布教。但他在這前一年來臺出差時，即積極的將臺灣的寺廟編入大谷派的「末寺」，在總督府檔案中請「末寺」簽署的四十七件檔案中，大谷派就佔了十九件，地點從臺北縣到嘉義縣都有，原則上是一個月到各寺廟進行傳教一次。因此，很短的時間就增加了許多臺灣人信徒，但不能說是穩定的狀態。

大谷派初期以臺灣人為布教對象，並且廣設布教所，但由於與臺灣人之隔閡，並未有具體的成果。一八九九年（明治三十二年）在臺北城內府前街二丁目與北門街一丁目交接處新建布教所，臨時本堂是日式木造建築，面寬六間（約十・八公尺），深七間（約十二・六公尺），花費四千多圓，會說臺語的瑩誠法師也到臺北附近各處布教。

臺北別院之興建

一九二〇年（大正九年）大谷派購得西門江瀨街填土地的土地二千七百坪，作為別院興建預定地。久彌宮殿下來臺時，由於大谷派和皇室的姻親關係，還下賜楠木二株種植於庭院。興建預算三十萬圓，五萬圓由本山支助，同時得到信徒捐款十多萬圓。次年（一九二一年）先建成臨時本堂，也因此得到總督府的認可，由布教所升格為「真宗大谷派臺北別院」。其後一九二六年（昭和元年）開始興建本堂（四十八坪）與庫裡（十四・七五坪），到一九二八年（昭和三年）完成。本堂為木造，建築四周設有迴廊，前有「向拜」，屋頂為入母屋式。

一九三六年完工之本堂內部為日式裝修，有斗拱和「格天井」。

不料新建成的建物，在二年後即因火災而損毀，報紙記載只保了二萬日圓的保險，實際卻造成二十六萬日圓的財物損失。儘管如此，次年一九三一年（昭和六年）即展開重建工作，一九三二年（昭和七年）「庫裡」完工，一九三四年（昭和九年）「本堂」開工，一九三六年（昭和十一年）完工。

印度樣式的耐火建築

第二次興建完工之「庫裡」是印度樣式，同時耗資二十七萬五千圓重建的本堂為中古印度式，上有大圓頂，入口處「向拜」之階梯兩側有呈鐘形屋頂的鐘樓，外觀非常特別，是能耐震、耐火、耐蟻之鋼骨鋼筋混凝土造建築。作為臺基的一樓共二百七十三．二坪，內有貴賓室、食堂、和室、大廳、大小會議室、事務室、廁所等。並設有「車寄」（門廊）。二樓大殿二百四十五．八坪，內部裝修為純粹的日本佛教樣式，有「外陣」、「內陣」等空間；「外陣」為磨石子地坪，擺放椅子四百張。「內陣」為中央突出式，與兩側「餘間」同鋪木地板，其外之「飛檐之間」與「脇之間」則鋪設榻榻米。在內陣

1936 年完工之東本願寺本堂外觀（國家圖書館提供）

1932 年完工之東本願寺「庫裡」（國家圖書館提供）

與外陣之間還有稱為「柵內」，可容百人的榻榻米空間。整體工程與西本願寺相同，亦由松井組設計監督，並擔任承包木構造的部分。

這樣規模宏大的印度式佛寺建築在當時的臺灣，可以說是非常獨特；令人聯想到日本真宗本派於一

日本築地西本願寺外觀（謝思燮提供）

九三一年（昭和六年）至一九三四年（昭和九年）興建，由伊東忠太設計的「築地本願寺」，該建物也是很特別的古代印度樣式。實際上擔任東本願寺第二次寺院設計的松井組社長松井角平，正是伊東忠太的學生，他不但承包築地本願寺的工程，並多次在伊東設計神社與佛寺時，協助製作設計圖。直到今日，松井組仍承接日本海內外神社與佛寺之工程，作者在實際訪問之際，有機會看到當時松井社長所做的設計圖與工程計畫書，得知當時曾有二案提供給業主，二案的室內空間雖大致相同，但另一案的外觀為與西本願寺新建本堂類似的日式木造建築。可推測由於之前所建木造本堂在二年後即遭遇火災，同時西本願寺本堂又已先興建完成，因此東本願寺後來選擇了全部使用耐火構造，並與西本願寺本堂外觀截然不同的印度樣式。

日本築地西本願寺內部（謝思燮提供）

戰後的東本願寺

大谷派臺北別院以堅固的鋼骨鋼筋混凝土建造，外觀和一般日本佛寺建築不同，顯得相當封閉，可能因此戰後被選為監禁與審問政治犯的所在。由於這樣的經歷，後來儘管有宗教團體提出請求使用，仍未獲保留許可，舊有建築全被拆除。這個街廓位於武昌街、漢口街、西寧南路與昆明街之間，後來興建為獅子林商業大樓，現在也有新光影城。相較於西本願寺被留存下來，作為理教公所和今天的四〇六號廣場，可說是因為建築形式的差異，而使得東本願寺在戰後有了與西本願寺完全不同的遭遇。

第4章 CHAPTER

【大龍峒·圓山·劍潭】

位於臺北盆地淡水河與基隆河交界處的圓山，因為是孤立且底邊與外觀呈圓形的山丘，所以被稱為「員山仔」，後來日本人沿用此名稱為圓山，此時的圓山也泛指包括基隆河對側的劍潭山，以及山麓周邊被稱為大龍峒的區域。在臺北盆地曾經是臺北湖的時候，圓山和對面的劍潭山即為湖邊的小島。圓山山腰有石器、陶器和骨器等考古遺物出土，並發現有貝塚，被稱為「圓山文化層」，是很早就有人類居住的地點。

在漢人墾拓之前，圓山周邊是凱達格蘭族巴琅泵社之居住地，他們隨著康熙大湖的變化，居住在河岸的北側或南側。當荷蘭人佔領臺灣時，曾經調查過一些原住民的戶口，由當時的調查資料來看，距今三五五—三四五年前巴琅泵社的戶數不多，每戶平均人口為三．〇五—四人之間，戶數的增減可能是因為遷徙所造成。

康熙中葉時，巴琅泵社已成為北臺灣二十三社之一，郁永河在《裨海記遊》中記載他於一六九七年（康熙三十六年）來臺時之所見：「又數日，各社土官悉至，曰：八里分、麻少翁、內北頭、外北頭、雞州山、大洞山、小雞籠、大雞籠、金包里、南港、瓦烈、擺折、武溜灣、雷里、若釐、秀朗、巴琅泵、奇武卒、荅荅攸、里族、房仔嶼、麻里折口等二十三社，皆淡水總社統一，其土官有正副頭目之分。」

一七〇九年（康熙四十八年）墾戶陳賴章向官方申請開發大加蚋地區，在官府核准後頒發的墾照文書中，記載墾拓範圍為「東至雷里、秀朗，西至八里分、干脰外，南至興直山腳內，北至大浪泵溝」，大浪泵溝即由巴琅泵社而得名，也就是今天的圓山邊的基隆河段，是當時預定開發的北邊界線。

荷蘭時期巴琅泵社人口調查情形

時間	1645年	1650年	1655年
戶數	18	25	17
人口	72	80	52

然而此時除了搭乘稱為「蟒甲」的獨木舟往來於各社之原住民外，漢人居住者仍然不多。一七二二年（康熙六十一年）巡臺御史黃叔璥所寫的《臺海使槎錄》之「番俗六考」中，引陳眉川中丞「淡水各社紀程」所記：「北港水路十里至內北頭，四里至廍少翁，十五里至大浪泵，此地可泊船。」可以知道在康熙末年，漢人乘船往來大浪泵一帶與原住民交易，但實際居住落籍者尚不足以成為一個庄。在一七四一年（乾隆六年）刊行之《重修福建臺灣府志》中，淡水海防廳所轄三十五庄中，也還沒有看到「大浪泵庄」的記載。直到一七六三年（乾隆二十八年）刊行《續修臺灣府志》時，在「坊里」項下記載：「淡水廳舊二保，管三十五庄，今分一百三十二庄。」才有漢人聚落「大浪泵庄」的出現。

大浪泵庄形成之後，漢人來此墾拓者日益增加，但也因而發生疾病年老死亡，無地可葬的窘況發生。一七六五年（乾隆三十年）庄民邱文華因此獻地為義塚，《淡水廳志》中記為「大隆同義塚」，足證當時已有不少漢人住在此地，同時也已出現「大隆同」的名稱。「大隆同」意指大大興隆同安人，因為大浪泵墾民多來自同安，為了凝聚同鄉的感情、鼓舞同鄉的士氣，先民便將「大浪泵庄」依諧音改成「大隆同庄」，於是「大隆同」一名就逐漸取代「大浪泵」。可以確認的是一八一〇年（嘉慶十五年）「四十四坎鬮約」已出現「隆同街」三個字，而「大隆同」一詞，目前所知，最早見於一八四三年（道光二十四年）陳清水出賣四十四坎店屋的「杜賣店契」，契約中記有「大隆同街瓦店四十四坎」，可知嘉慶年間興建四十四坎時，已有「大隆同」之名稱。

後來，定居於此的同安人在清咸豐年間陸續有人中舉，大家認為是得到圓山的好風水而來，由於圓山平地突起如龍，而大隆同位圓山之尾，靠基隆河處又有石洞，被視為「龍穴」，因此將圓山也稱為「龍峒山」，並將「大隆同」改稱「大龍峒」，這個稱呼從咸豐年間開始一直沿用到今天。

劍潭山又名大直山，劍潭山與圓山之間的基隆河，在基隆河截彎取直之前，是河道曲流，山明水秀之景勝地。而劍潭之得名，有兩種說法，一說為山腳有一井，因井底有荷蘭人投入之古劍，故在風雨或黑夜，就有紅光映天，而被稱為「劍潭夜光」；另一說則為荷蘭人曾插劍於潭邊之大茄苳樹，後來樹皮生長而將劍深嵌於樹中。

在歷史發展的過程中，大龍峒、圓山和劍潭一直都有相關密切的關係。

1 劍潭古寺

劍潭山東麓以前有劍潭古寺，在一八四四年（道光二十五年）由住持妙金所立之「泉郊金晉順列諸號重新劍潭寺前進並修創等處碑記」中，記載傳說有僧侶，名為榮華來臺，由淡水上岸前往基隆途中，遇紅蛇擋路，遂在茄冬樹下冥思，擲筊問卜後，決定夜宿於此，佛祖託夢應於此處建寺，並指示凌晨有八舟由滬尾來雞籠，可向其募化，次日果然應驗。因此靈聲四播，聽到消息的人，都爭相捐助促成寺廟之興建。

雖然無法確認是否真的在清代之前就已經建有此寺，但根據一八七一年（同治十年）陳培桂所寫的《淡水廳志》，記載劍潭寺即為《臺灣府志》中所記之「觀音亭」，說明康熙年間應已有此寺，因此被認為是臺北地區之古剎。一七七三年（乾隆三十八年），吳延詰等人捐資重修，祀奉觀音大士，做為移民的信仰中心。目前仍留有一八〇〇年（嘉慶五年）庚申年刻文的石柱，可以推測包括重修的時間可能歷經了二十多年。然而到了道光年間，因為歷經風吹雨打，多有損毀。有心者先建佛座，以及右廊作為住持方丈居所，其他部分則僅存遺址。看到這樣的狀況，泉郊紳商義源號、林益勝號、謝瑞成號等於一八四三年（道光二十四年）又捐資募款，購買杉木、磚瓦、石灰、石材，雇用木匠、小工、漆匠等，進行修建，終於使寺廟恢復舊觀。

清末劍潭寺又逐漸殘舊，到日治時期，自一九一六年（大正五年）到一九二三年（大正十二年），由著名的大木匠師陳應彬主導，在原有的基地上進行重建。新建成的劍潭寺坐北朝南，外牆略呈方形，以山門、左右護室、鐘樓、鼓樓與後殿圍繞著呈八角形平面的正殿，正殿內部有八邊形由斗拱組立而成的藻井，八邊形的屋頂是下兩層有八個屋脊之三重簷，在當時可以說是相當特殊的設計。同時，無論是建築結構或裝飾，包括龍柱、牆堵的石雕與木構架上的木雕，都非常華麗精美。

日本政府於明治時期即在劍潭山興建臺灣神社，並收購周邊的民有地，拆除民宅，以確保神社所在地的景觀。在神社範圍擴大過程中，只有劍潭寺因為是名剎，所以特別被保存，一直到第二次擴大社域時，

一九二三年重修完成後，位於劍潭山上的劍潭寺。（國家圖書館提供）

田中大作拍攝之遷移前劍潭寺八角形正殿（臺北科技大學收藏）

上｜田中大作拍攝之遷移前劍潭寺山門石鼓與石堵雕刻（臺北科技大學收藏）

下｜田中大作拍攝之遷移前劍潭寺鐘樓（臺北科技大學收藏）

約一九三九年（昭和十四年）至一九四〇年（昭和十五年）間，才將廟宇建築解體移至大直竹子林重建，也就是今天劍南捷運站附近的山坡地上。

遷建時在正面的柱上刻有「庚辰（一九四〇年，昭和十五年）劍潭古寺移築大直」，可以知道為使後世不忘劍潭寺的歷史，特別記為「劍潭古寺」。但是由於新建地腹地不夠深，無法恢復原有之三進建築，僅能使用原本的後殿建材興建大殿，並將護龍向兩側延長。因此原有舊寺之山門與正殿的木雕、石雕等構件，已經無法全數再利用，原有的八邊形正殿也無法在此重現，當時沒有用上的許多石雕和木構件都埋在側院中，留待日後使用。

戰後大約在一九七六年左右，曾將收存的部分石雕和木雕作為庭園景觀之素材，多少可看出大正年間興修時建築之精美與裝飾之豐富。之後，又於二〇〇四年至二〇〇五年進行整修，呈現今日的面貌。

田中大作拍攝之遷移前劍潭寺山門。（臺北科技大學提供）

劍潭寺現況（王惠君提供）

原有龍堵石雕（王惠君提供）

劍潭寺正面龍柱與石堵（王惠君提供）

原有石鼓（王惠君提供）

原有書卷形竹節窗（王惠君提供）

2 保安宮與大龍峒地區的發展

大浪泵的墾民多數來自泉州府同安縣，傳說他們渡海來臺後，在返鄉時由白礁鄉慈濟宮乞靈分火，將保生大帝請至大龍峒。先是興建簡單的木造小廟供奉，由於神蹟顯赫，信眾又於一七五五年（乾隆二十年）興建宮廟，歷經五年才完工。

目前可以確認的是，嘉慶年間庄民為感謝保生大帝的深恩，大舉集資重建「保安宮」。三川殿的龍柱上即有嘉慶甲子年（嘉慶九年，一八〇四年）之落款，此外還有嘉慶辛未年（嘉慶十六年）、嘉慶癸酉年（嘉慶十八年）、嘉慶甲戌年（嘉慶十九年）與嘉慶丙子年（嘉慶二十一年）落款的石雕或石柱。實際上，嘉慶年間由大龍峒巨富王仁記及王義記一族捐地，地方仕紳共同募款而進行的重建，一直到一八三〇年（道光十年）才完成。這次的重建工程即奠定了保安宮的基本規模。

保安宮又稱「大浪泵宮」或「大道公廟」，主祀保生大帝，配祀三十六神將，同祀神農大帝、玄天上帝、註生娘娘、池頭夫人、福德正神等，是北臺灣同安人的信仰中心。日後為了輪流負責辦理保安宮一年三回祭典：三月十五大帝聖誕日、五月初二大帝昇天日、七月十五中元普渡日，將當時北臺灣保生大帝信仰圈分成三堡來輪值。這三堡為一堡，包括大龍峒街、牛埔庄、西新庄仔、下埤頭、社仔、大直、北勢湖、山仔腳、北投、唭哩岸、嘎嘮別、干豆、滬尾、雞柔山、水梘頭、金包里；二堡，包括興直、二重埔、三重埔、和尚洲、坑寮、觀音山、五股坑、八里分、洲仔頭；三堡，包括大稻埕、加蚋仔、港仔嘴、錫口、基隆。每逢祭典，各地信徒蜂擁而至，總是熱鬧非凡。

大約在重建保安宮之時，有王、鄭、高、陳四姓地方士紳，集資購地，一八〇二（嘉慶七年）在保安宮西側興建南北相向的瓦造鋪房，每排二十二坎，也就是二十二間，兩側共四十四坎，出售給居民，也就是所謂的「四十四坎」。「四十四坎」為了防衛需要，建有圍牆與隘門，鄰近保安宮的東側隘門上題「小邑弦歌」四字，街尾的西側隘門上題「大隆同」三字。完工之後，一八一〇年（嘉慶十五年）並立有鬮約，對日後各戶與公共設施的修理也有所規定。

四十四坎街屋建成後，逐漸形成市街，其後更向四十四坎的西邊延伸，形成所謂的「下街」，而四十四坎遂被稱為「頂街」，下街

從 1945 年之航照圖中，可以看到保安宮旁四十四坎建築並排的狀況。
（四十四坎下街頂街航照圖，1945 年，中央研究院人社中心 GIS 專題中心：臺北市百年歷史地圖提供）

與頂街相連，構成大隆同的主要市街，逐漸聚集更多的人居住於此。下街的和安宮（俗稱內土地公廟）是為保佑商家生意興隆而建，應在下街形成時創立，而萬和宮（俗稱外土地公廟）是為保佑農業生產而建，在一八三九年（道光十九年）興建於原本一片荒埔的田野中。從土地公廟的建立，也可以看出市街由「頂」而「下」延伸，土地公廟由「內」而「外」興建，呈現出大隆同地區的發展過程。

一八〇七年（嘉慶十二年），士紳陳遜言在港仔墘興建今日通稱的「陳悅記祖宅」。之後，陳遜言之長子陳維藻，為道光乙酉科舉人，四子陳維英於道光乙酉入泮，一八五九年（咸豐九年）中舉，他們不僅本身學問淵博，更樂意作育英才，一時之間人才輩出，文風鼎盛，考中秀才、舉人者多達三十餘

四十四坎鬮約

仝立卌四坎合約人　王智記、陳蘭記、王元記、高明德、陳陞記、鄭西源等，竊謂合志同方，朋友常逾兄弟；通財建業，聯契即如連枝。智等擇居大浪泵即隆同街，公鳩銀元，立號金同成合買郭講兄弟等旱田壹契，年配大租谷參石肆斗壹升正，又口糧五斗。自壬戌（一八〇二年，嘉慶七年）興工起蓋瓦店，相向四十四坎，每坎地闊壹丈柒尺伍寸，實內壹丈陸尺貳寸。東至保安宮巷貳坎內為界，西至公巷壹半為界，南至圍牆外水溝外為界，北至圍牆外公路為界。每坎各起壹進帶過水，攤出銀參佰餘元，經於癸亥年（一八〇三年）拾月落成，隨即鬮分各管無異。誠恐世久年湮，子孫互混，與其爭競於後，莫若立約於先。爰是，公議立約為憑，又合買郭講兄弟等墓埔旱地壹契，年配大租合肆石貳斗六升，亦係四十四坎份公業。其歷年所收小租合銀，除納貳契大租、口糧，合共捌石壹斗柒升半，外餘項存作四十四份公銀，設為十一股輪流交盤，每年坐利加壹伸，以為修理柵門需費，值年之人自當向前收小租納大租，毋得推諉不辦。上元日交盤，銀數不得霸踞，越期其公契貳紙，議交王智記收貯，不得混淨。如是要用執出公見，自約之後，各管己業。倘店屋損壞，或改造、或修理己界，不得生端；如係交界，兩家同修，不得別咎。此係四十四份人等，公平鬮分，甘愿立約，就保安宮為準，別為號頭四十四個；向南、向北店屋，俱開列於後。口恐無憑，仝立合約字壹樣四十四紙，各執壹紙，永遠存炤。批明、此約第肆拾貳號，分交陳篤記執掌，保安宮前右畔向北第零拾貳間店壹座，再炤。

秉筆　鄭為政

嘉慶拾五年柒月　　日仝立約字

鄭西源、陳陞記、高明德、王智記、陳蘭記、王元記、周蘭美、陳泰記、陳篤記、王禮記、鄭魁記、陳讓記、鄭裕記、王量寬、蔡玷觀、王夏記、林源發、王義記、王周記、王琪宣、蘇旺再。

人，可說冠於北臺，故當時傳說大隆同是「五步一秀，十步一舉」。對於讀書應試的成功，當地人相信是受到圓山之靈氣所庇蔭，圓山也被稱為「龍峒山」，因此便將「大隆同」改稱「大龍峒」。

舉人陳維英（一八一一—一八六九）還在圓山建別墅，名為太古巢，

陳悅記祖宅現況（陳悅記祖宅現況，王惠君提供）

以為讀書養生之所，並為之題詩：「山中甲子不知年，夢入華胥一枕邊，壤土原無盤古墓，枯枝獨闢有巢天；兩儀石上搜遺蹟，八卦潭前隱散天，自笑華盧開混沌，結繩坐對層兩椽。」劍潭旁邊有八卦潭，或稱石壁潭，因其側有兩石罅（石縫），會格格作聲，所以又稱雞鳴石或兩儀石。可看出當時圓山與劍潭不但有林泉巖石之美，且為遺世獨立之地。

然而，當時不同族群為爭奪地盤，經常發生械鬥。一八五三年（咸豐三年）艋舺地區發生「頂下郊拚」，戰火波及大龍峒，陳維英家舍、別業，俱焚於火，其長兄四弟皆死於難。艋舺的同安人戰敗，退出八甲庄之後，一部分逃到奎母卒（即日後之大稻埕），一部分逃到大龍峒。避難到大龍峒之同安人，無家可歸，初擬以保安宮為中心興建住屋，不料兩度遭逢「四九日烏」，霪雨不止，牆垣坍圮，無法再建。這一批人除少部分續留住大龍峒，大部分都遷往奎母卒，與另一批人會合開發奎母卒，開創後來大稻埕地區的發展。

在此之後，保安宮在一八五五年（咸豐五年）重修後殿，一八六八年（同治七年）至一八七三年（同治十二年）重修正殿與東西護室。日本統治臺灣後，次年（一八九六年）保安宮即成為國語學校第三

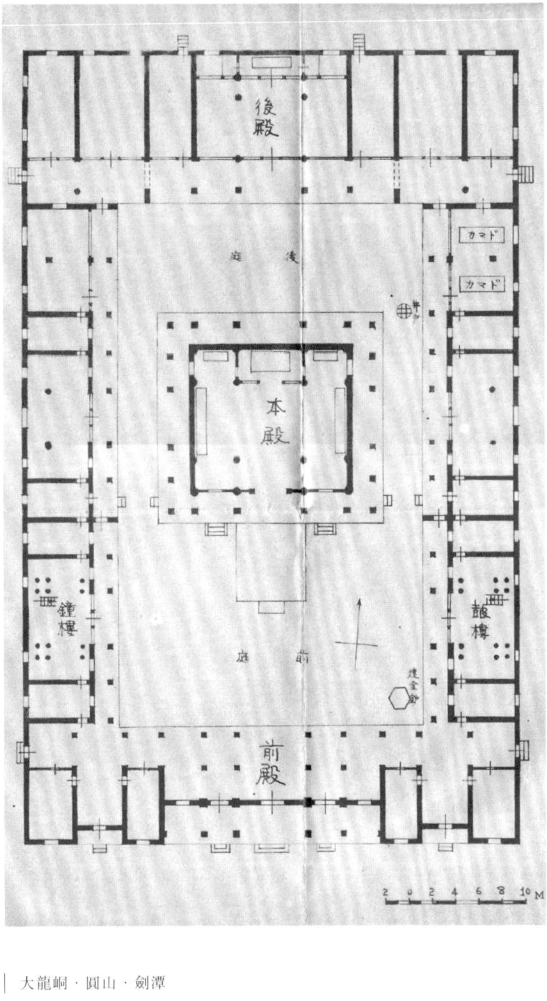

田中大作書中之日治時期保安宮平面圖，雖然鐘樓與鼓樓的標示應該要對調，不過圖中可看出位於後庭的水井，可供護龍內的廚灶使用。（田中大正，臺北科技大學收藏）

附屬學校與製筵會社（製作榻榻米）的所在地。一八九八年（明治三十一年）十月，改稱「大龍峒公學校」，一直到一九〇四年（明治三十七年）公學校的新校舍落成後，也就是後來的大龍國小，學校才遷出保安宮。

一八九八年重修前的保安宮外觀。（石川源一郎，大龍峒保安宮，一八九八，臺灣圖書館提供）

一九一四年（大正三年），颱風加上大雨，造成大水災，土墼磚造的四十四坎街屋不堪久泡，有多間傾倒，災後重建時，多改為磚造二樓洋房。

保安宮也在一九一七年（大正六年）到一九一九年（大正八年）進行第二次大修，這次的修建採取對場的方式，也就是在主結構完成後，建築中間以布幕隔開，聘請兩組匠師，由名匠陳應彬與郭塔以競技的方式，分別主持龍邊（東側）與虎邊（西側）的木作工程。

仔細比較山門以及正殿左右兩側的斗栱組和木雕，就會發現兩邊雖然都是精彩的作品，但卻有所差異。據說由於陳應彬使用不同木材相接來表現不同雕刻的特色，郭塔就在山門前簷廊明間的西側圓光雕

1919 年重修後的保安宮山門（臺北大龍峒保安宮（其一），1931，臺灣圖書館提供）

一九一九年重修後的保安宮正殿（臺北大龍峒保安宮（其二），一九三一，臺灣圖書館提供）

刻「薛仁貴巧計攻摩天嶺」場景中，在城門柱上刻有「真手藝無更改銀同郭塔」；並且在後簷廊圓光雕刻「劉邦先入咸陽城」場景中，也在牌樓柱上刻有與故事不相關的「好工手不補接」文句，一方面諷刺對手，同時也顯示出對自己手藝的自信。

在對稱的前簷廊東側圓光雕刻，陳應彬則是刻上三國演義中，「孔明智激周瑜，孫權決計破曹」的故事；後簷廊東側圓光的雕刻題材則是吳越之爭中，吳滅楚的故事。在視線容易到達的步通下方的圓光，常刻有許多人物出場的故事，並且在山門，常使用熱鬧的戰爭故事為主題，在心理上也有嚇阻邪魔入侵的作用。雖然題材皆為歷史上的征戰故事，但圓光的兩端的收邊雕刻卻有所不同，陳應彬雕的是書卷形，而郭塔雕的是雲龍紋，仔細觀察細

郭塔在牌樓柱上刻有「好工手不補接」（王惠君提供）

郭塔在城門柱上刻有「真手藝無更改銀同郭塔」（王惠君提供）

節，就可以看出對場作有明顯差異的趣味。

正殿在正面屋簷下的看架斗拱，陳應彬與郭塔亦以顯著不同的方式來表現，同時在其上以「八仙大鬧東海」為題材之雕刻上，郭塔刻有「鬧東海」三字，而陳應彬卻沒刻「八仙大」，也可以看出是因為對場作而產生的狀況。另外，郭塔還在斗栱上刻有「假獅破真獅」五字；本來這是三國演義中，諸葛亮七擒孟獲中的第六次，以腹中裝有火藥的假獅，藉著噴火吐煙，嚇走真獅的故事，場面熱鬧，常作為拚場時的雕刻題材。但在這裡並沒有雕出故事中的場景，只有兩人相鬥，所以這樣的刻字，據說是因為臺語發音和「郭師破彬師」相近而來，顯現出當時郭塔向知

「薛仁貴巧計攻摩天嶺」　在薛仁貴征東的故事中，薛仁貴被封為平遼大元帥，受命攻打摩天嶺，得九天玄女所賜之天書曰「賣弓可取摩天嶺，反得擎天柱二根」。他於是假扮賣弓人之子，上山交付周文、周武兩將軍，雖被兩將軍認出，但由於兩將軍原為漢人，因此三人結為生死之交，願意助他取高麗，以得回歸家鄉。山上還有五大將，一位呼哪大王，左右兩名副將為雅里托金與雅里托銀，駙馬紅慢慢，以及元帥猩猩膽。薛仁貴得到周氏兄弟這兩位擎天柱之助，隨即順利攻下摩天嶺。雕刻場景分三部分，左邊是宮殿，呼哪大王與副將雅里托金與雅里托銀在殿中討論兵法，小番向呼哪大王報告薛仁貴帶兵攻上摩天嶺。右邊則為薛仁貴攻上摩天嶺與呼哪大王、紅慢慢與猩猩膽對戰，中間城門上刻有「摩天嶺」三字。同時各人物的特徵都在雕刻中呈現，包括呼哪大王、雅里托金與雅里托銀頭盔上都有毛；猩猩膽元帥一手用鎚，一手用砧，並長雙翅可飛舞在空中；紅慢慢頭盔上有毛，並用大刀；薛仁貴則是背後插旗，手持天方戟。（對場木雕，王惠君提供）

「劉邦先入咸陽城」　秦始皇死後，各路英雄紛紛擁兵而起，逐鹿天下。楚國貴族項梁率侄項羽，推楚懷王之孫為懷王，劉邦亦率眾前來，歸項梁旗下。秦將章邯攻趙於鉅鹿時，懷王召集宋義、項羽與劉邦，議定兵分兩路，一路為宋義和項羽領軍救趙，由函谷關入關中，另一路由劉邦西進，經武關進關中，並與諸將約定「先入關者王之」。項羽雖除掉宋義，並擊潰秦軍，然而劉邦已順利進入咸陽，並與百姓約法三章：「殺人者死，商人及盜抵罪」，大獲民心。雕刻分為兩個場景，左邊是楚懷王和項羽、劉邦共商大計。右邊則是劉邦與張良領軍進入咸陽城的情景，右側城門上刻有「咸陽城」，同時劉邦騎馬手拿大刀，而張良則手拿羽扇，頭戴軍師帽。（對場木雕，王惠君提供）

名度較高的陳應彬宣戰較勁的意味。

鐘樓與鼓樓也因為如此，木構架的形式並不相同，仔細比較就可以看出其中微妙的差異。鐘樓牌匾寫有「鯨發」，鼓樓則寫有「鼉逢」兩字。這是因為傳說龍生九子，九子各有不同，三子叫做「蒲牢」，形似龍而體型較小，性好叫吼，住在海邊；而蒲牢怕鯨魚，每每看到鯨魚便害怕得大叫，因此古人在鐘上刻上蒲牢的獸鈕，再用形似鯨魚的木槌去撞它，就會發出響亮的鐘聲。而鼉（音駝）又稱鼉龍，是鱷魚的一種，以鼉皮來製成鼓，聲音響亮，叫做鼉鼓。「鼉逢」即是來自詩經大雅中「鼉鼓逢逢（音彭）」之句，指鼓聲發出砰砰令人震懾的聲音。

「孔明智激周瑜與宴長江曹操賦詩」　《三國演義》中，敘述孔明騎馬單刀拜會周瑜，以曹植之《銅雀臺賦》：「立雙臺於左右兮，有玉龍與金鳳，攬二橋於東南兮，樂朝夕之與共」為證，說曹操希望得到江東二美女大喬與小喬，佯裝不知大喬小喬為孫策和周瑜之妻，而提議如將二女獻給曹操，即可退曹之兵。這樣的說法激起吳願意和蜀聯合破曹的決心。書中其後又描述，曹操在大船上設宴會諸將，說自起兵以來，目前未得者為江南，如得江南，當娶二喬置於銅雀臺，以娛暮年。談笑間，忽聞鴉聲望南飛鳴而去，問鴉為何夜鳴，左右答曰「鴉見月明，疑是天曉，故離樹而鳴」。曹操歌曰：「對酒當歌，人生幾何，譬如朝露，去日無多……月明星稀，烏鵲南飛，繞樹三匝，無枝可依。山不厭高，水不厭深，周公吐哺，天下歸心。」，表達其心志。雕刻場景中，左邊是孔明騎馬來到吳國拜訪周瑜。中間刻有銅雀臺，上坐大喬與小喬。右邊則為曹操在江上宴請群臣，上有烏鴉飛過之景象。（對場木雕，王惠君提供）

「伍子胥報仇雪恨」　伍子胥原為楚國望族，楚平王聽信讒言，要除去太子，伍子胥之父伍奢因官拜太子太傅，受到牽連，與長子伍尚一起遇害。次子伍子胥逃到吳國，協助公子光奪取吳國政權，即為吳王闔閭，伍子胥成為功臣。他說服吳王伐楚，九年後終於成功攻下楚都。但此時楚平王已死，當時的楚昭王也逃走，他只好挖掘楚平王的墳墓，鞭打他的屍體三百下，以為父兄報仇。雕刻場景右側為吳國軍隊，旗幟上有「吳」字，帶頭進入城門的就是伍子胥，中間宮殿橫枋上刻有「楚」字，楚昭王坐在其中，左側為楚國兵馬。（對場木雕，王惠君提供）

鐘樓現況（王惠君提供）

鐘鼓樓上的牌匾和對聯落款時間皆為一九一九年（大正八年）三月，而《臺灣日日新報》中記載一九二一年三月二十七日四時，保安宮撞鐘伐鼓，舉辦鐘鼓樓落成式的消息。報上說鐘樓為承繼鄭萬鎰氏遺志，由其子根本兄弟完成；而鼓樓為李聲元、沈豬兩氏合捐；鐘為「高砂鑄造會社」所鑄，鐘聲嘹喨。而「高砂鑄造會社」原是城本熊造與臺灣人李錄星二氏經營的小工廠，一九一七年（大正六年）十月擴大改組成「株式會社」，辜顯榮成為社長，城本氏為專務取締役；多少透露出當時辜家與大龍峒地區的關係。目前這座鐘亦展示於正殿後方，可以欣賞到鐘上趴著兩隻小蒲牢等的精細雕刻。

鐘樓落成當天，曾舉行祝宴，招待約百位官紳，包括「北警察署」之署長和其他警官都出席盛會，宴會中並在中庭演出潮州戲。可以看出當時保安宮的重要性。

「高砂鑄造會社」所造之鐘，上有兩隻小蒲牢雕刻。（王惠君提供）

這次重修也同時舉行徵聯活動，由於當時為戊午年（一九一八年，大正七年），被稱為「戊午徵聯」。本次活動邀請泉州進士王杏泉與孝廉龔顯赫等人擔任評選，獲選對聯由當代名家書寫並刻於石柱上。徵聯分保生大帝與神農大帝兩組，各入選十二組，後來保生大帝組之第一名與第二名分別刻在山門左右入口與出口，原為嘉慶年鶴浦弟子王志亮、志寬所捐獻的門柱上。龍邊入口處為第一名，黃贊鈞拜撰，洪以南敬書：「保世顯神功咒水當年消虎厄，安民深帝澤湧泉今日濟龍峒」；虎邊出口處為第二名劉育英敬撰并書：「保存祀事肇同民廟奠龍峒神盈鯤島，安濟生靈垂宋代公施大道世仰真人」。第三名到第九名則刻在正殿東、西與北側之廊柱上。神農大帝組的第一名到第四名對聯刻在後殿。此外，現在還留有一九二一年（大正十年）陳望曾所撰之「保安宮重修碑記」。

保安宮建築坐北朝南，共有三殿；前殿又稱山門或三川殿，中殿為大殿，也稱正殿，供奉主神保生大帝，後殿主祀神農大帝。兩側有東護室與西護室連接前後殿，正殿獨立於中庭內，鐘鼓樓分別立於東西護室之上。前殿為臺灣建築中具有地方特色的「假四垂」屋頂，也就是在燕尾屋頂上方又加一層歇山屋頂，使建築外觀更為華麗壯觀；正殿則為重簷歇山屋頂。

除了木雕，保安宮中的石雕也很值得欣賞，石獅、龍柱之外，後殿還有特別的花鳥柱。前殿不同位置的石堵，有龍堵、虎堵、麒麟堵及透空的螭虎窗等，還有書卷形的石雕竹節窗，做工相當精緻優美。

戰後保安宮曾一度香火式微，一九四九年時甚至成為大陸來臺移民的落腳處。後來在一九六〇年代，因中央政府極力推動觀光事業的影響，加上地方人士多方奔走，終於在一九六六年—一九六七年進行整修。最近一次修復是從一九九五年起進行的大規模整修工程，為期七

位於山門虎邊之戊午徵聯第二（王惠君提供）

年。此次工程中，一方面保存自嘉慶時期以來製作的雕刻與構材，同時重現傳統工法，恢復大正時期完工時的面貌，並且加入新工法與新設備，符合現代使用，整修工程於二〇〇二年完成。由於嚴謹的施作與用心，獲得聯合國教科文組織二〇〇三年「亞太文化資產保存獎」。

大龍峒地區戰後被劃為臺北市大同區，由原名「大隆同」而來。一九五九年完成重慶北路拓寬工程，雖然疏通了本區南北交通瓶頸，卻也切開了原來延續的「頂街」與「下街」。後來，大龍峒地區因為位於松山機場飛機航道上，建築被施以高度管制，造成社區不易開發而產生人口外流現象。一九七三年，臺北市政府為更新都市而實施「萬大計畫」，將大龍峒的四十四坎老街，也就是今天的哈密街，拓寬為十一米的馬路，南側街屋前端全部拆除，此時許多街屋因而改建為四層樓店面，不久北側建築也多改建，造成有一百多年歷史的老街街景發生很大的改變。但由於街屋一直保持原有面寬，仍然可以看出原來四十四坎街屋並列的狀況，並且也有少數的街屋內部還留有一部分日治時期改修的磚構造。

3 大龍峒的民建孔廟

臺北市的孔廟與大多數的孔廟不同，原來不是官建而是民間出資興建的。

從清道光年間起，經咸豐、同治以來，大龍峒即為文風興盛之地。一八五三年（咸豐三年），陳維英與鄉人捐資創立「樹人書院」，原附設在保安宮內，並祀有文昌帝君一尊。日治初期，由於臺北官建孔廟因擴建學校被拆除之後，日本政府並無另外重建之計畫。自一九一七年（大正六年）正月起，臺北瀛社同人、大正協會會員，為宏揚孔子教化倡議恢復釋奠典禮，組織崇聖會，並推日人木村匡為會長，臺灣人顏雲年、李景盛為副會長，每年農曆八月二十七日孔子聖誕時，從國語學校小閣內迎接聖牌到大稻埕公學校（今天的太平國小）、蓬萊女子公學校（今天的蓬萊國小）、龍山寺或保安宮等處，輪流舉行釋奠之禮。當時顏雲年副會長即曾極力提倡重建孔廟，但由於響應不足而未能實現。

一九二五年（大正十四年）正月初，臺北仕紳群集於中醫葉鍊金宅，葉鍊金每年祭孔均擔任通引，他提出堂堂臺北卻無孔廟，為一大憾事，座中名詩人陳培根即稱孔廟若建於大龍峒，他願捐獻土地。陳培根、黃贊鈞稍後又邀集大家於陳培根之別墅「素園」，會商重建孔廟事宜。崇聖會第二任會長辜顯榮極表贊同，乃設宴於江山樓，廣邀官紳商賈二百餘人，討論興建規模及募款辦法。二月成立臺北聖廟建設籌備處，公推辜顯榮為主理，李種玉、陳培根、黃純青、楊仲佐、鄭奎璧、陳天來、蔡彬準、連雅堂八人為常務理事，另有董事五十餘人。設主任一人及辦事人員若干名，處理募建事宜，並至福建省泉州聘請一九二〇年（大正九年）時修建艋舺龍山寺的名師王益順來臺，擔任總工程師，進行繪圖設計，再由製圖師周財製成圖面，初步估計建廟工程經費約二十萬日圓，經呈報臺北州知事許可後，即積極展開籌建工作。

一九二五年（大正十四年）三月，陳培根依事先承諾捐獻田地二千餘坪，辜顯榮也購獻田地一千餘坪，另外又以募款購置田地一千餘坪，總計共五千二百餘坪，作為建廟基地。八月，聘請地理名師到現場看風水定分金，也就是確定建築座向，決定背坐大屯山，面朝文山，西接保安宮前園，東鄰素園。待方位選定，十月立即招工立基。一九二七年（昭和二年）六月開始整地，八月東西廡、東西廂動工，十二月大成殿興工，請李種玉任工程總監督，黃贊鈞為助手，因兩人監督認真，工程得以順利進行。一九二八年（昭和三年）四月上樑，接著儀門興工。翌年大成殿竣工，崇聖祠開工。一九三〇年（昭和五年）八月，崇聖祠、儀門、東西廡、東西廂先後完工，神牌雕刻亦告完成，籌備處乃於三殿即將落成時，開始訓練禮生、樂生、佾生，並購置祭器、樂器等，擇吉於農曆八月二十四日良辰，先恭請大成至聖先師、四配、十二哲暨崇聖祠聖祖、兩廡先賢先儒神牌陞座，再於二十七日舉行陞座及慶祝聖誕釋奠大典，全場禮儀肅穆，佾舞莊雅，盛況空前。然而，同年十二月後續之募款即遭遇困難，工程經費不足，工程不得不暫停。

五年之後，一九三五年（昭和十年），黃贊鈞等提議復工，由辜顯榮召開董事會議，討論復工及勸募辦法，黃贊鈞本人希望早日復工，立即慨捐一萬餘圓，並獲臺北州各界熱烈響應，終於如願復工。可惜此時原設計師王益順已回泉州且病逝，後續的工程只能聘請臺灣本土匠師繼續完成。復工後即先建櫺星門，竣工後再續建義路、禮門、黌門、泮宮、泮池、萬仞宮牆等。一九三九年（昭和十四年）民建孔廟全部完成，占地面積五千二百餘

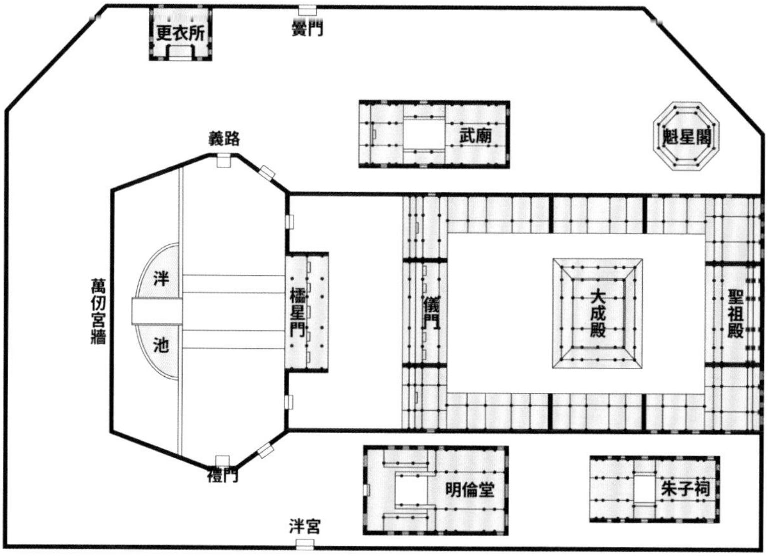

王益順匠師原設計之臺北孔廟建築配置（林宣如重繪）

坪，建坪一千四百坪，前後兩次工程，耗資共二十六萬餘日圓，絕大部分是出自民間捐款，只有少數如萬仞宮牆得到日本政府補助二萬日圓。

在王益順原來的孔廟全區規劃設計圖中，除後來陸續興建完成的櫺星門、儀門、大成殿、崇聖祠、東廡、西廡等之外，還有四棟建築；左側前為明倫堂（即左學右廟之制），左側後為朱子祠，供奉朱熹，右側前為武廟，奉祀武聖關羽，右側後為奎樓，供奉大魁星君。三臺石及地基皆已砌好，可能因為經費不足，需求性不強，所以後來並未興建。目前的明倫堂在孔廟右側，是一九五五年七月由當時的考試院院長賈景德發起興建的。他先組織明倫堂籌建委員會，並親自擔任主任委員，總幹事由當時臺北市市長黃啟瑞擔任。消息傳出後獲得全國各機關響應，次年興建完成今天的鋼筋混凝土造三層樓明倫堂。

一九七二年大龍峒孔廟之主要捐建者後代代表辜振甫先生與陳錫慶先生，將孔廟捐給政府，行政院接受捐獻之後，再撥交臺北市政府接管。臺北市政府即正式成立「臺北市孔廟管理委員會」，隸屬於民政局，負責維護孔廟建築群及籌辦祭孔典禮，於是這一座由民間獻地並捐款興建的孔廟便正式成為公有。一九九二年，孔廟因其建築之美與特殊的歷史文化意義而被內政部評定為二級古蹟。

萬仞宮牆

大龍峒孔廟外有「萬仞宮牆」，現在的這四個字是奉祀官第七十七代孫孔德成所書。正如《論語》所

王益順

擔任孔廟規劃設計的王益順匠師是泉州惠安縣的溪底村人，為來臺惠安系統匠師中的代表人物，清朝末期到日治初期活躍於海峽兩岸，在臺設計的作品包括有艋舺龍山寺、艋舺晉德宮黃府將軍祠、南鯤鯓代天府、新竹城隍廟等。這些建築現在多已經被指定為古蹟，他擅長於大木構架與藻井設計，並且願意與不同流派的匠師交流，據說他與同為大木匠師的陳應彬相惜相敬，對彬司所作之「螭虎栱」造型讚譽有加，本來溪底派以輪廓簡潔有力的「關刀栱」為主，栱身平緩，不縮喉，栱底雞胸亦短，但在孔子廟之大成門亦出現曲線豐富的「螭虎栱」，可能就是受到陳應彬的影響。

在孔廟興建時，日本人建築專業者所組織的「臺灣建築會」舉行第二次總會時，會後會員全體到臺北孔廟參觀，王益順匠師並為大家解說藻井之技巧，令在場者嘆為觀止。「臺灣建築會」所發行的《臺灣建築會誌》中，記載王益順對於新的事物極為樂於嘗試，看到日人以鴨嘴筆製圖，他也立即使用看看。在他所留存下來的設計圖中，有一張是透視圖，也是當時臺灣匠師不曾使用的繪圖方式。

言：「夫子之牆數仞，不得其門而入，不見宗廟之美，百官之富，得其門者或寡矣。」夫子之學問及道德的高深，猶如數仞之牆，能得其門而入，窺其學問之堂奧者，少之又少。科舉時代孔廟大門前若有一堵照牆橫列，即是暗指及至日前為止，此地尚未出過狀元，故孔廟之正門乃以一壁上書「萬仞宮牆」四字，表示此地日後若有進士狀元及第方可建造正門，狀元得以經過正門入孔廟祭孔。

黌門與泮宮

入口的「黌門」與「泮宮」，原來廣義都是指學校。黌門是指古代的學校，泮宮則指學宮，也就是諸侯的學校，由於不能像天子之學「辟雍」一樣，四面有水，只有南面一半有水池，故取半水之意，稱「泮」。意指若要學習孔子的禮義忠恕之道與學問，達到進德修業的目的，必須進黌入泮，發憤向學。

櫺星門

櫺星門位於泮池之北，為進入孔廟後的第一道大門，只有在祭孔典禮時才開啟。櫺星本指天上之星，主文運，在此有「得士」之意。平時若要進入孔廟，只能經由黌門，接著穿過禮門或義路入內。

禮門與義路位於櫺星門內之左右，也是指若要追求夫子之道，便要從禮義開始學習。櫺星門前方的泮池意指「泮宮之池」，是一向外彎曲的月形池，池上有一座拱橋，稱「泮橋」或「瀛橋」。這座泮橋是有狀元及第時，新科狀元由孔廟大門進入後，可以經由泮橋過泮池、櫺星門、儀門，然後到大成殿祭拜孔子。泮池另有防火及調節暑熱的功能，昔日其中多養植芹菜。

由於櫺星門的興建較大成殿、東

黌門現況（王惠君提供）

禮門現況（王惠君提供）

西廡、崇聖祠及儀門來得晚，且為臺灣匠師興建，所以風格上與其他建築有些差異。曲阜孔廟的櫺星門為牌坊型式，而臺北孔廟則採用面寬七間之殿堂型式，與曲阜孔廟截然不同。

泮池現況（王惠君提供）

大龍峒孔廟櫺星門面寬七間、進深九桁，閩南抬樑式構架。屋架二通三瓜，通樑下使用數層枋以求穩固，之下安置鰲魚形雀替，並有獅形及象形雕刻馱負屋頂重量。屋頂採重簷歇山型式，屋頂重量藉由屋架經石柱傳至地面，不單靠承重牆載重。正面全開門扇，四周則為磚牆，所有柱子均為石柱，入口中央有一對石雕龍柱，龍身盤繞八角柱二圈，雕刻細緻。水車堵上有交趾陶裝飾，人物栩栩如生。

櫺星門現況（王惠君提供）

大成門

大成門又稱戟門、儀門，是進入櫺星門之後的第二道大門，相當於一般宮廟的三川殿，左右置有祭孔時所用的鐘與鼓。與櫺星門一樣，大門只在祭孔的時候才開啟，平時只能由左右兩側的金聲門及玉振門進出。

儀門面寬五開間、進深九桁，採閩南抬樑式構架。屋架二通三瓜，屋頂為升簷斷簷口形式，一座屋頂有四個燕尾。屋頂重量藉由柱子直接傳至地面，內部之金柱為木柱，木柱有明顯的卷殺（或稱收分）。前有廊，柱子為八角石柱，沒有雕飾，柱形比例修長，形式簡潔；前方柱上有柱頭，可能受到西洋建築的影響。

大成門現況（王惠君提供）

大成殿

大成殿是孔廟的主殿，殿中不陳列神像，僅有大成至聖先師孔子、四配、十二哲等十七位的神主牌位。大成殿的前方有月臺，稱丹墀，是祭孔典禮跳佾舞之處，丹墀前又有御路，上面雕雲龍，一爪抓珠，一爪抓印，氣宇非凡。大成殿是孔廟建築中最重要的一部分，無論在高度、量體及裝飾上都為其他建築所不及。

臺北孔廟的大成殿屋頂採用歇山重簷式，四周設有迴廊，正面則設有一對龍柱。在屋頂上左右各有一根通天柱，或稱通天筒，是宋朱熹任福建泉州知府修建孔廟時，認為唯有孔子的思想能上通天意，所以樹立通天柱於屋頂，以表示對孔子的尊崇。另外民間傳說通天柱是秦始皇焚書坑儒時，讀書人為保存經

大成殿外觀現況（王惠君提供）

書，立柱筒於屋頂用以藏經，所以通天柱又稱藏經塔。

大成殿面寬五開間，進深六開間，採閩南抬樑式木構架，內有八角藻井，共有二十四支斗拱自各邊伸出，逐層出挑，直達中央頂心，四周配置斜欞天花以利屋頂通風防潮。

東西廡

大成殿左右兩側為東西廡，供奉著孔子弟子及歷代對儒學有卓越貢獻的學者。東西兩廡建築形式比其他各殿來得單純，屋頂也較低，廡內奉祀的先賢先儒也是以神主牌位為代表，其中先賢尊於先儒，因此兩廡靠北近大成殿處供奉先賢神位，先儒神位則供奉在靠南的廡室。東廡奉祀先賢四十位、先儒三十七位；西廡奉祀先賢

大成殿內部現況（王惠君提供）

三十九位、先儒三十八位。其北之東西庫則為禮器庫及樂器庫，禮、樂器庫均為孔廟之必要設施。

崇聖祠

後殿是崇聖祠，又稱聖祖殿，祠內奉祀孔子五代祖先、孔子的哥哥及四配之父親牌位，表現出儒家飲水思源、重視家族倫理以及中國人慎終追遠不忘本「重人倫」的傳統思想。其建築形式採用燕尾脊屋頂。面寬五開間，左右兩側各有三開間之房室。

明倫堂

目前的明倫堂位在廟右。本來依古禮制「左學右廟」，明倫堂應該位在孔廟之左側，即東廡之東，是地方官辦學之所在。「明倫」一詞取自《孟子．滕文公》：「夏曰校，殷曰序，周曰庠，學則三代共之，皆所以明人倫也。」故「明倫」即是「明人倫」，指學校教導學生「重綱紀、明人倫」之理。今天因為現代教育學制完備，明倫堂成為提供社會教育推展之場所。

西廡內部現況（王惠君提供）

4 圓山公園

日本人進入臺北後，隨即注意到圓山和劍潭山優美的景致，而將圓山劃為陸軍、海軍和民政部的墓地用地。然而這臺北近郊的小山，在次年，也就是一八九六年（明治二十九年）六月伊藤博文來訪時，開始有了新的功能。從文獻資料中得知伊藤博文率先捐出五百圓，在座的西鄉從道也隨之捐五百圓，提供作為圓山興修為公園使用的經費；同時由臺北廳長橋本文藏向總督府提出將圓山共同墓地改為臺北的公園之建議。橋本文藏的文中說明圓山是山水景勝之地，雖已規劃為墓地，但是如能作為公園遊覽之地應更符合大眾的希望，並表示願意提供私人資助者眾多，同時也提出可行之共同墓地移轉地點。此提議雖同年就得到總督府的同意，但也附帶表示陸軍墓地的埋葬地需地三千坪以上，仍必須加以考慮。

臺北也同時是臺灣的第一座公園，定名為「圓山公園」，隨即展開土地徵收，並將海軍和民政用墓地轉移至三板橋，而陸軍墓地則被移轉至圓山公園南麓。土地所有人陳根樹等人的所有地在領收補償金後便完成了徵收（占公園用地之百分之四一．二八），但是張水等人因為位於山坡地，土地收購價格較低，故不肯領收補償金，無法完成徵收。一直到一九〇四年（明治三十七年）根據一九〇一年（明治三十四年）總督府頒布「臺灣土地收用規則」，以同時收購土地與樹木的方式，用收購樹木之金額來彌補較低之土地價格，才完成了張水等人之地的徵收（占百分之五八．七一）；一九〇五年（明治三十八年）發現公園內還有一小部分的地（一一七三．六坪）為林熊光所有，林家為大地主，以捐贈的方式提供作為公園用地，至此圓山公園之土地總共計有一萬八千零七十三坪。

除此之外，一九〇〇年（明治三十三年）林熊光即已捐獻部分土

日治初期之圓山公園（石川源一郎，丸山公園，1899 年，臺灣圖書館提供）

日治時期的圓山公園步道（圓山公園，1931 年，臺灣圖書館提供）

位於圓山公園南側的陸軍墓地（村崎長昶，陸軍墓地，一九一三，日本國立國會圖書館提供）

地給臨濟寺建寺。

另一方面，公園的建設在指定之同時就已開始進行，臺北廳從一八九六年（明治二十九年）至一八九八年（明治三十一年）以一萬零六十圓之經費進行長約一千九百八十公尺、寬約五．四公尺的公園道路新建工程。其中，一八九七年（明治三十年）臺北縣開廳祝賀會也將剩餘之一千餘圓捐出作為公園經費。其後，一八九八年（明治三十一年）一月十八日由總督府民政與財政二局同仁，舉行了在圓山公園種樹義工活動。參與者五十三人集合在小南門，從苗圃帶著樹苗，徒步至圓山公園種植，當天共植了一百五十株櫻、樟、松、杉等樹。

臺灣神社預定地

一八九六年（明治二十九年）帝國議會兩院通過為在征討臺灣中殉職的北白川宮親王建神社奉祀。次年，設置籌備委員會，正式進行創建的準備。這座神社的建立除了祭祀北白川宮親王之外，事實上也具有殖民統治上的象徵性意義。在擇地的過程中，首先列出親王登陸地之基隆、去世之地臺南與首都臺北作為候補地，並由其中選出臺北，由此可知道象徵統治的意義更高於其作為奉祀之功能。接著因為圓山的中西側面前廣闊，並且是背山面水的景勝之地，又是大家可以很方便到訪的地點，而被選為神社之預定地。同時認為公園與神社的性質相同，神社設在公園內，可使公園具有神聖性，因此圓山公園適合作為神社用地。

但是，儘管神社營造預算與設計都已開始進行，一八九八年（明治三十一年）兒玉源太郎上任為總督，與新任民政長官後藤新平至現地視察時，認為神社應有更大的腹地以建成更大的規模，以及可以俯視整個臺北市，因此將興建神社的基地改到對面的劍潭山。一九〇〇年（明治三十三年）起的二年之間，以占總督府營繕預算之一、二成左右的經費進行建設，一九〇一年（明治三十四年）完工並舉行鎮座式。後來，臺灣神社又經過幾次擴建，一直具有至高無上的重要地位。

圓山公園雖未成為神社所在地，但由於位在神社對面，圓山公園的景觀也成為重要的考慮。前述遲遲難以收購完成的民地，在一九〇四年（明治三十七年）提出以收購樹木的方式提高收購金額時，也提及因為位於神社對面，景觀非常重要，必須保存樹木而予以收購；顯示出由於神社的建立，圓山公園的重要性也隨之提升。

從圓山公園隔著基隆河，遠眺臺灣神社。（村崎長昶，臺灣神社，一九一三，日本國立國會圖書館提供）

此外，神社興建之同時，也由臺北縣國庫補助，進行由臺北東門，經明治橋到達神社的參拜道路之建設，於一九〇一年（明治三十四年）七月開工，十月在神社舉行鎮座式前完工，後來被稱為勅使街道；圓山公園也因神社而成為都市重要軸線上的公園。同時在此之前，連接北投溫泉勝地的淡水鐵道也於一九〇一年（明治三十四年）完工通車，圓山公園旁設有圓山站，圓山公園有更好的條件做為臺北的都市公園。

公園內的紀念碑與銅像

雖然臺灣神社後來沒有設立在圓山公園內，但日治時期仍在其中興建了各種不同的紀念碑與銅像。一八九九年（明治三十二年）臺北縣知事村上義雄即在公園中，設立天然石造的「臺北縣警察官表忠

臺北縣警察官表忠碑。（村崎長昶，一九一三年，日本國立國會圖書館提供）

碑」，合祀臺北設縣以來殉職的警部十一人與巡查三十二人，病死的警部九人與巡查四十八人之英靈。一九〇二年（明治三十五年）總督府接受臺北廳長加藤尚志所提在公園內興建前民政長官水野遵銅像之申請，並於翌年完成，位於公園東北角道路旁。

臺灣日日新報社在一九一四年（大正三年）以自然石立碑，在公

左｜碑上浮雕—警察官討伐土匪的情景（1931 年，臺灣圖書館提供）
右｜碑上浮雕—警察官水中救難的情景（1931 年，臺灣圖書館提供）

左｜碑上浮雕—警察官投身於撲滅鼠疫的工作（1931 年，臺灣圖書館提供）
右｜碑上浮雕—警察官召開會議討論如何討伐土匪的情景（1931 年，臺灣圖書館提供）

園的北側設立筆塚，將社員或報社相關者過去使用的筆，埋葬於此，並且每年固定來這裡舉行祭祀儀式。一九三二年（昭和七年）憲兵在圓山公園南側之陸軍墓地內設立憲兵忠魂碑，合祀來臺後戰死與病死的憲兵英靈，在每年的五月九日舉行祭祀。一九三三年（昭和八年）臺北市消防組也在公園內為第二代消防組長船越倉吉設立銅製半身紀念像。

此外，還有佛寺、祠堂等也因為種種因素而設在圓山公園內。

忠魂堂

忠魂堂是日本淨土宗所建的佛寺。淨土宗的林彥明擔任近衛師團的隨軍布教使，在一八九五年（明治二十八年）六月即來到臺北，隨著近衛師團征討以臺灣民主國為主的反對勢力，南下至彰化與臺南。

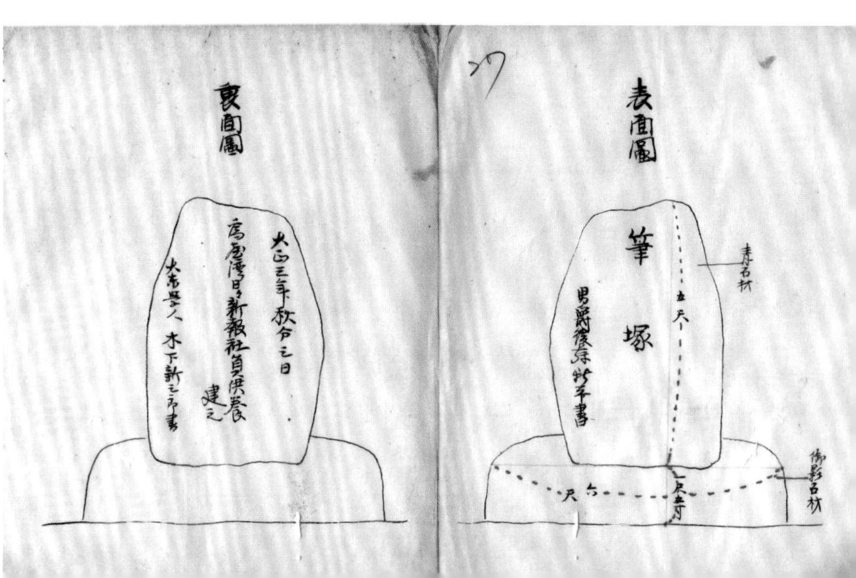

左上｜1917年《臺灣日日新報》刊載在筆塚所舉行儀式（1917年，臺灣圖書館提供）
右上｜水野遵民政長官之銅像（村崎長昶，1913年，日本國立國會圖書館提供）
右下｜《臺灣日日新報》向總督府申請設立筆塚所附之設計圖，可以知道筆塚二字是由後藤新平所書。（國史館提供）

接著佐藤大道與橋本定幢也到臺南，跟著林彥明和軍隊一起，以南部為中心展開布教工作。由於橋本認為也必須了解臺北的狀況，因此他次年一月回到日本做完報告後，立刻又前來臺灣，以臺北為中心進行布教。

橋本經常應軍隊和官方的邀請，為亡者讀經和舉行追悼會。他因此結識真言宗與淨土真宗本願寺派的僧侶，他們在一八九六年（明治二十九年）六月組成「臺灣開教同盟」，共同制定規約，以安撫戰亂後的民心，與展開慈善事業為布教的工作重點。

橋本個人認為首先必須透過本地語言來布教，所以他積極學習臺語，也希望有學臺語意願的布教師來臺。同時，由於在臺灣布教，軍隊和官方的幫助不可或缺，所以他平常就主動和他們來往。橋本經常親自到各地視察，包括基隆、臺北近郊、新竹至大甲的西海岸，並到宜蘭和原住民居住區等地去布教。

橋本定幢雖然積極建立了宗派之間的合作體制基礎，又展開慈善與監獄布教工作，但後來卻沒有受到官方的重視，發展並不如預期。

實際上，淨土宗已於一八九六年（明治二十九年）在臺北艋舺海山館設布教所，但由於該處是陸軍所有地，所以一八九八年（明治三十一年）移至臺北城府直街，次年又遷至大稻埕建成街瞿公廟。一九〇〇年（明治三十三年）再度被要求遷出，移至建成街一丁目。一九〇二年（明治三十五年）在臺北城北門街二丁目興建臨時布教所，但一九〇八年（明治四十一年）因為臺北市區改正的關係，遷到圓山忠魂堂。

圓山忠魂堂的興建是由祖籍大阪的祖父江聖善所發起，他希望在此奉祀在臺灣過世的北白川宮親王與軍人。一八九七年（明治三十年）得到大阪府本部的許可開始進行臺灣忠魂堂的建設募款，一九〇〇年（明治三十三年）向總督府提出忠魂堂興建申請，言明願為告祭領臺以來在戰役中殉難的日本軍人以及治臺有功的文武官僚興建忠魂堂，位置選在圓山南麓，正是在前述陸軍墓地之東北側。

總督府對用地所有權提出詢問，由回文中可知當時所有權人為保阪靜遵。次年獲得許可，申請興建的文中，記載土地約有九百八十九坪，其中本堂一百三十一坪半、方丈六十坪、庫裡二十一坪、門樓十坪、廊下十六坪、納骨所四坪，建築坪數共二百四十二坪半。陸軍墓地的土地整理時間主要在一九〇一年（明治三十四年），可以知道在同一年，圓山公園與陸軍墓地之間，忠魂堂已取得了其用地。但是到一九〇六年（明治三十九年）方丈、庫裡、納骨所與樓門才興建完成，一九〇七年（明治四十年）時，因為募款困難，正殿一直未興建，為此還被總督府質疑與申請圖面不符。

然而，在一九一〇年（明治四十三年）三月一日的《臺灣日日新報》中記載，一九〇七年（明治四十年）時將本來供奉在淡水館的北白川宮親王木刻像及為七一四六位來臺後戰死或病死的軍人刻的七一四六尊地藏王像，移到忠魂堂，安置於「內陣」，以慰英靈。忠魂堂前還掛有由彰仁親王所親自書寫的「忠魂堂」，伊藤博文所寫的「氣節凌露」，以及大谷光瑩所題之「無邊身」等三個牌匾。同時，城內的布教所移到圓山來後，淨土宗的重要活動都在此舉行，包括佐久間總督、桂總督與首任民政局長水野遵的忌日都在此舉行法會。

然而，由於圓山離市區較遠，因此一九一八年（大正七年）淨土宗即計畫在市區購地興建寺院，但是直到一九二九年（昭和四年）在樺山町三十番號的新寺地興建完成庫裡與會館後，才將事務所與布教所移過去，也就是今天的善導寺所在地。儘管如此，由於圓山忠魂堂和

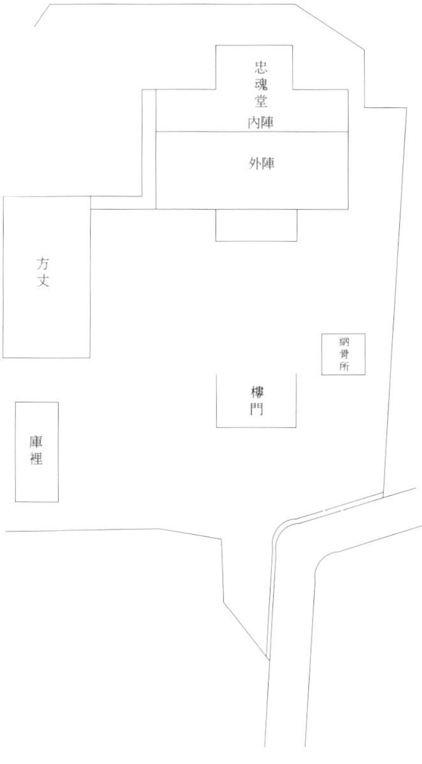

忠魂堂配置示意圖
（依國史館提供之原圖重繪）

1912 年忠魂堂照片（1912 年，臺灣圖書館提供）

臺灣神社相距不遠，對到神社參拜的人們，在此舉行法會也是適合的的地點，所以仍然繼續被沿用，直到戰後忠魂堂建築都仍然出現在地圖上。

黃氏節孝祠

除了日本人興建的寺院之外，原位於臺北城內東門街的黃氏節孝祠，由於在市區計畫中被劃為總督府秘書官舍所在地，面臨拆除的命運。一九〇一年（明治三十四年）艋舺富商王純卿向臺北廳提出陳情書，希望能增加節孝祠再建之補償金額，並且能重建於城內的公園中，但官廳的回覆為節孝祠之再建關乎民心，故由官舍的興建費用中支出七百圓作為遷建費用的方式辦理，現又申請增加經費，雖無預算，但特別以當年度之公費支出。不過，關於移建於臺北公園，則認為臺北公園過於狹小，若將節孝祠移入可能會影響公園的景觀，並與公園雰圍相異，不表贊同。

一九〇三年（明治三十六年）王純卿又向總督府提出請求在圓山公園再建節孝祠之申請，同時臺北廳也上呈總督府說明先前節孝祠在尋地上遭遇到的困難。民政長官遂裁示於圓山公園選擇適當地點作為節孝祠移建之地。臺北廳在調查後，上呈適當地點，同年總督府同意王純卿之借地請願，附帶要求祠只能建於指定基地之一百坪內，但樹木與華表不在此限，並應在興建前提出設計圖。由當時提出之設計圖，可知節孝祠為傳統臺灣建築樣式，可以想見在第一次臺北公園不到今天的一半之用地中，傳統建築樣式的祠廟與希望以歐風為主的公園設計，可能會有所衝突。後來節孝祠被指定建在圓山公園西北角山坡的基地，在起伏的地形和樹木之間，與公園

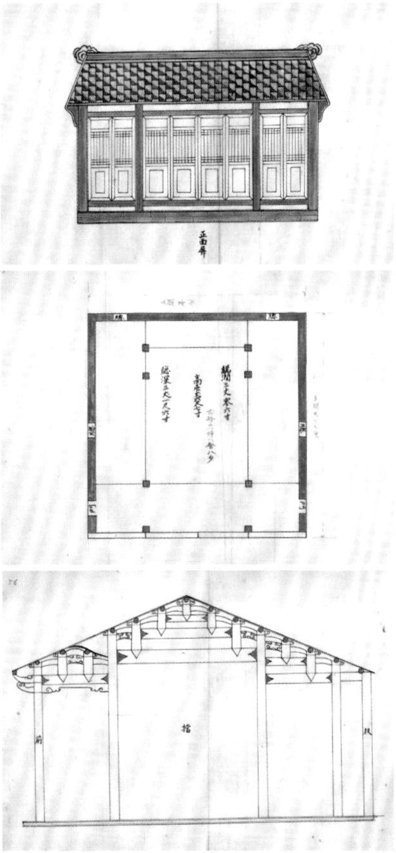

黃氏節孝祠之平面、立面與剖面圖
（國史館提供）

的自然風景中的確比較和諧。

動物園與遊園地

一九一四年（大正三年），日本人片山竹五郎的馬戲團「大竹娘曲馬會」來臺在各地表演，該馬戲團本來是女性馬術特技表演的團體，但由於片山覺得臺灣氣候適合飼養動物，所以購買虎、豹、鴕鳥、袋鼠等動物，在圓山公園東側以動物園之名，收取門票供大眾參觀。

次年（一九一五年），作為大正天皇「御大典紀念事業」之一環，臺北廳以「圓山公園附屬動物園整備」之名目，向臺北廳擁有二萬五千圓資產的臺灣人，以及年繳稅金十圓以上的日本人住民徵收附加稅，募集三萬圓，收購了片山所設動物園的土地與動物，再以一萬圓購買動物，並興建圍欄、猛獸室、駱駝室、小鳥館、小動物館、水禽

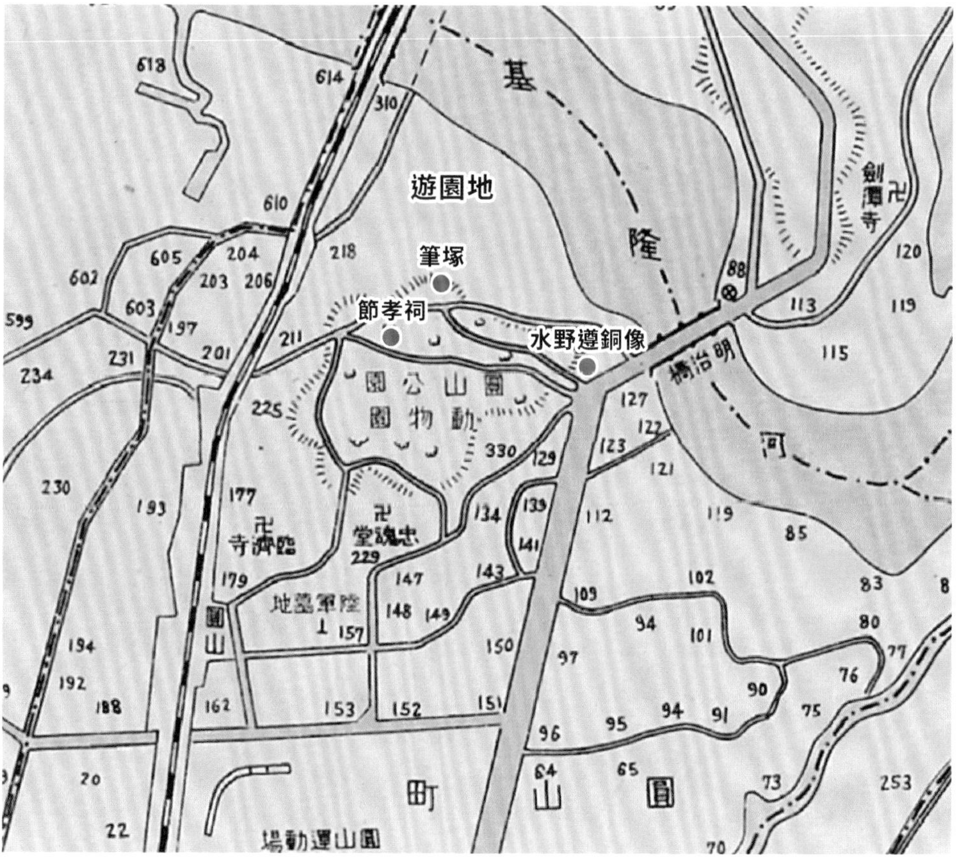

1930 年臺北市地圖中的圓山公園
（1930，中央研究院人社中心 GIS 專題中心：臺北市百年歷史地圖提供提供）

籠、猿猴室、鱷魚池、休憩室、守衛室等建築設施。同時，原來於一九一三年（大正二年）設在林業試驗場臺北苗圃（即後來的植物園）內之「殖產局博物館附屬動物園」內的熊、猿等動物，以及原來飼養在總督官邸庭園的孔雀、鶴、鹿等小型動物也移轉到臺北廳的圓山動物園。

一九一六年（大正五年）開園，以收入園費的方式經營，有動物七十種一百四十八隻，吸引了全臺的民眾來此觀賞。一九三〇年（昭和五年）動物園開始在夏季七月中旬至八月初，於夜間延長開放時間，園內還不時舉行放煙火、放電影與戲劇表演等各種娛樂活動。

在此之後也不斷充實動物和設施，發展成可與日本各大都市，包括東京、京都、大阪、京城的動物園齊名的五大動物園。一九三四年（昭和九年），為了提供兒童成長過程中遊戲與保健的需求，另外收購動物園旁九百坪土地，設立兒童遊園地。一九四〇年（昭和十五年）時，動物園內有哺乳類動物一百四十四隻、鳥類三百二十二隻、爬蟲類二十八隻，各種動物館六十四處、休憩所五處，還有商店、廁所、水池和兒童遊具九種。

一九三七年（昭和十二年）正式籌建「圓山遊園地」，由當時「臺北共榮信用購買利用組合」的組合長中辻喜次郎捐贈五萬圓，加上臺北市的建設經費六萬

日治時期之動物園入口（動物園，1931，臺灣圖書館提供）

動物園內的斑馬（動物園斑馬，1931，臺灣圖書館提供）

八千五百六十五圓，在基隆河畔開工。次年（一九三八年）開園，遊園地占地約有一萬五千坪，水邊有大瀑布、噴水、戲水池、水蓮池等消暑戲水設施，還有遊戲沙池；遊具有電動小汽車、小飛機、動物座具，還有射氣球、動物射擊等娛樂設施。一九三九年（昭和十四年）夏季亦延長開放時間到晚上十點，並且放映電影。這些設施都分別收取費用，遊園地的所得收益也用來支持臺北市的社會工作。

戰後，圓山遊園地和圓山動物園一度分別經營，圓山遊園地成為兒童公園，由私人經營，到一九六八年才又回到公營。一九七〇年動物園和兒童樂園再度合併，到一九八六年由於所在地面積受限，無法擴大，所以將動物園移到木柵，原有用地全部劃歸兒童樂園。一九九一年兒童樂園改名為兒童育樂中心，原有兒童樂園成為遊樂世界，新設昨日世界與明日世界。一直到二〇一一年兒童育樂中心遷移到基隆河新生地之前，長時間以來這裡都是兒童最喜歡去的地方，包括大象林旺等，曾經是很多人童年的回憶。

5 臨濟護國禪寺

位於圓山公園內的臨濟護國禪寺，屬於臨濟宗妙心寺派，與其他早期來臺的曹洞宗或淨土真宗本願寺派不同，並不是由從軍布教使展開在臺灣的布教，然而特殊的機緣使得他們在臺北最早興建了正式的佛殿（日本稱之為「本堂」）。這棟超過一百年歷史的大型木造建築，也留存至今，成為圓山捷運站邊引人注目的古蹟。

因為有兒玉源太郎總督這樣的大檀越（施主），使得臨濟宗妙心寺派臨濟護國禪寺的創設比其他日本佛寺更為順利，而實際上之所以稱為「護國禪寺」，以及妙心寺派來臺傳教的因緣，也有很特別的故事，並與同為禪宗的曹洞宗，以及原有的臺灣在地佛寺有密切的互動關係。

事實上，原來兒玉源太郎與妙心寺派並沒有特別的淵源。牽起他們的緣分，必須一提的是松本龜太郎（號無住）。

松本在一九一三年（大正二年）黃葉秋造所編纂的《鎮南紀念帖》中，撰寫有〈鎮南山緣起〉，詳細的敘述了關於臨濟宗來臺設寺的過程。一八九七年（明治三十年）細野南岳首度來臺，看到當時臺灣尚處於混亂的狀況，認為以自己微薄的力量，能做的事非常有限，於是次年請足利天應禪師一起再度來

松本龜太郎（松本無住）

松本龜太郎生於一八六四年（日本元治元年），病逝於一九一八年（大正七年）。他在一八八六年（明治十九年）第一次來臺灣，只停留約二十餘日，是為協助岸田吟香經營「樂善堂」，奔波於福州、廈門等地之間。後來在一八九五年（明治二十八年）日本政府進入澎湖之際加入軍隊，不久到臺北縣擔任稅務課長，據說當時城內最早的街名，包括「北門街」、「撫臺街」、「書院街」等，都是他所命名的。

他得知之前居住在淡水的西方人曾在北投經營溫泉設施後，就想辭官投身於溫泉的開發，但由於官廳當時人手不足，直到一八九六年（明治二十九年）的六、七月他的請辭才獲准。他選定後來的「松濤園」所在地，整地興建只有屋頂沒有牆的簡易溫泉設施。並且進一步透過擔任鐵道部運輸課長的好友——村上彰一多方努力，將鋪設新鐵道後，廢棄不用的清代原鋪設之舊鐵軌，再行利用，鋪設成臺北至淡水的「淡水鐵道」，從臺北車站經圓山、北投、關渡（當時稱為江頭）到淡水，後來又增加大正街、雙連、宮下等站。在一九〇一年（明治三十四年）臺灣神社建成之同時通車的淡水鐵道，不但可以由陸路運送淡水港到臺北市內的貨物，也成為到神社參拜與北投泡溫泉最方便的交通工具。

松本並促成將「松濤園」上方的「官有地」釋出給一般居民，成功推動「奧北投」的發展。他和平田源吾可以說是北投開發的兩位關鍵人物。

日俄戰爭時，松本到中國東北擔任安東軍政署通商課長，兼土木課長，負責規劃道路等工作，後來又辭去公職，自己在東北設立昌國公司，從事與交通相關的事業。之後，回到臺灣仍然非常關心國事，並對政府提供建言，一九一一年（明治四十四年）出版《護國論》一書。書中提出國家目前出現的問題，分別對國民與政府提出必須反省的部分，以及明治之後對西化中的日本，受到西方哲學、倫理與宗教的影響，而產生的各種歧見應如何平息。其中，對於國家的教育，更特別提出過去形成國家教育主體的有神道、儒學與佛教，當時卻獨尊神道，忽略儒學，甚至排佛毀釋，而造成嚴重的問題；可以看出他篤信佛教的心志。

事實上，松本跟隨京都天龍山的峨山禪師習禪多年，因此對於明治初期排斥佛教的想法非常憂心，同時一知道兒玉總督有以佛教來幫助日本的南進政策時，即非常積極的四處奔走，促成日本僧侶到中國華南布教，並且在臺灣興建禪寺，作為跳板。甚至他短暫在東北的時間，也創建鎮江山安東寺。

然而，松本回到臺灣後，一九一八年（大正七年）時即臥病北投，在當年十一月以五十五歲之齡過世，諡號「破庵無住禪師」。因為對北投溫泉開發的貢獻，在松本過世之後，北投公園還設有為他而立的紀念碑。「無住松本君碑」六字篆額是明石總督過世前幾天親自書寫而成，碑文則是由臺灣銀行「副頭取」中川小十郎所撰寫，可以看出他在臺灣的影響力。

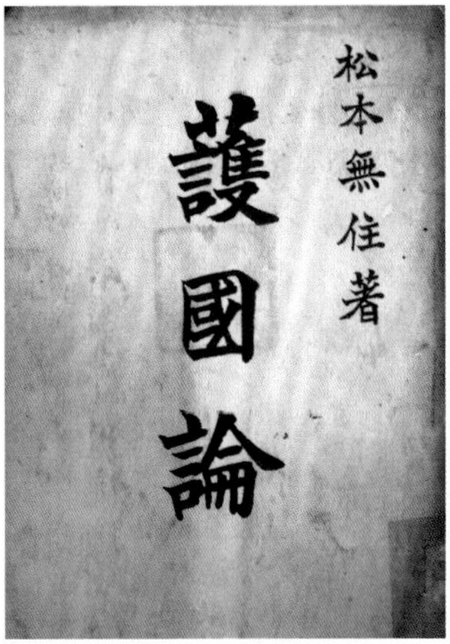

松本無住（龜太郎）所著《護國論》（一九一一，臺大圖書館提供）

村上彰一

村上彰一是另一位後來與臨濟護國禪寺相關的特別人物。他曾經參與日本在北海道、臺灣與南滿的鐵道建設，有「村上鐵道」之稱。在一八五七年（日本安政四年）於大阪市國分寺村誕生的他，小時候受教於國分寺住持武田觀空師，當時在這個傳統的私塾（日本稱為「寺小屋」）中，他就展現出超越其他學童的聰明才智。一八七五年（明治八年），他身懷大志，前往開港的橫濱，一面委身為港口的搬運苦力，一面自學英文。後來受僱於北海道開拓使御用達運漕出張所，被身為帝國大學教授同時擔任北海道開拓使相關工作的松本莊一郎發掘，讓他住在自己家裡接受調教。因此，他雖然沒有特別的學歷，卻有豐富的學養。

村上彰一（平田源吾，村上彰一，1911，臺灣圖書館提供）

一八七九年（明治十二年）他任職於外國教館，後來日本鐵道會社設立之時，就開始進入鐵道界，對日本本土鐵道的發展和經營有相當大的貢獻。一九〇一年（明治三十四年）在臺灣，他先擔任運輸事務調查囑託，進行全臺視察，從基隆經由海路到花蓮上岸，從花蓮縱走臺東半野，再由海路到高雄，從高雄向南走到鳳山、屏東、里港、東港和旗山等地，了解各地的風土民情，由各地的實際狀況，規劃鐵道的經營方式。後來升任為鐵道部運輸課長，可以說是臺灣鐵道界的元勳。一九〇二年（明治三十五年）他在運輸課內設立運輸事務傳習所，三年後擴大為運輸事務傳習生養成所，培養運輸人才，改善原來鐵道部的官僚風氣。

同時，在北投開發之際，創建「湯守觀音堂」，並由後人續建。由於對鐵道的貢獻，在一九一六年（大正五年）他過世於東京時，諡號即為鐵真。因此，「湯守觀音堂」後來就稱為「鐵真院」，並在其中為他立碑追悼。碑文為曾任臺灣總督府民政長官的下村宏所寫。戰後，「鐵真院」成為今天的普濟寺。

現在仍留存於普濟寺中紀念村上彰一石碑（王惠君提供）

臺。由松本幫助在北投被稱為虞內兆山腰的地方興建約十坪的草庵，稱為「虞兆庵」，展開在臺傳教的工作。後來川尻宗現追隨天應禪師來臺，三人一起住在遠離塵世的山中，走過林間小路、田埂，在劍潭渡舟，往返於北投與臺北市區之間。但是當年因為颱風將草庵吹倒，三人遂借住在劍潭寺。

一八九九年（明治三十二年）天應禪師向松本表達想去中國華南巡遊的想法，松本也決定隨行，出發前兒玉源太郎總督贈與他們旅費，松本前來答謝時，總督說起雖然中國華南是禪宗的發源地，但是據說近年道法已漸衰微，希望透過禪師的觀察，去確認是否真是如此。並且看看是否能用佛教來促進中日兩國國民精神上的結合。松本了解了兒玉總督有這樣的想法，即盡力來促成。

他們在一八九九年（明治三十二年）八月由中國回來後，十一月臨濟宗各派管長決定開始到中國南部布教，細野和川尻於一九〇〇年（明治三十三年）由臺北出發到福州，以烏石山為據點展開布教活動。隨後，宗般老師也在七月來臺，八月出發去福州。

松本無住的構想是雙管齊下，即臺灣與福建的布教同時進行，以臺灣的地緣關係做為日本臨濟宗教勢擴大的跳板。當一九〇〇年（明治三十三年）四月一日至二十五日，民政長官後藤新平赴廈門、福州、漳州等地巡視，希望進行南進政策的鋪路工作時，細野已接受臺灣總督府的資助，被奉派進駐鼓山湧泉寺。由於鼓山是很多臺灣僧侶修道之地，是結合臺灣和華南佛寺很適當的地方。

梅山禪師來臺

在此同時，松本也積極尋訪願意來臺布教設寺的高僧。但由於必須有決心長時間根植於臺灣，又必須有能力振興佛教，因此很難找到適合的人。在偶然的機會，遇到梅山玄秀禪師，梅山禪師慨然允諾來臺布教。一八九九年（明治三十二年）十二月，梅山玄秀率領十位布教師來臺，他們一行來臺後也借住在劍潭寺。雖然禪師有詩曰：「臺北劍潭寺，門臨淡水川，隨鞋塵境異，襲杖景光邊，風度攘蜘坐，泉鳴洗衲眠，前因知有約，卸笠意陶然」；顯示出禪師對於來臺因緣的悠然心情。然而，實際上寺內只能借給他們兩間小室，一間做為佛堂後，另外一間必須兼用為炊煮、食堂、副司、知客等諸寮之用，以及坐臥之方丈。無論坐禪、教化、接客都在此，然而房間內陰暗濕熱，又有蚊蟲群棲，布教師因衛生條件不佳而紛紛病倒。兒玉微服出視，看到這樣的狀況，認為必須盡速興建精舍安置眾僧，遂與松本協議興建新寺院。

原本梅山認為他們來到臺北時日尚淺，還未教化成功任何人，在沒有貢獻之前，不應先為他們花費興建精舍，堅持不接受。但是過了一段時間，諸僧的狀況未見好轉，病得更嚴重，松本於是和總督商量，決定先建好精舍，無論如何都要他們遷入。於是松本找到林熊光所有位於圓山公園西側的土地，認為此處能將臺北城景色盡收眼底，並位於戰病忠貞死者的靈骨埋葬靈場旁，正為鎮南無雙之靈境。經過松本的奔走，請臺北縣庶務課長金子源治和林家商談，後來得到林家捐地，兒玉獨資捐獻一四四九．八二日圓，經水路自江瀨街運來木材，士林運來瓦和石灰，於一九〇〇年（明治三十三年）六月開工，八月建成。

這一年完成的精舍，在八百七十五坪的基地上，興建包括庫裡二十八．七坪與鎮守堂一．五坪的瓦屋，有佛壇、八疊的

梅山禪師（黃葉秋造，梅山禪師，一九一三，臺灣圖書館提供）

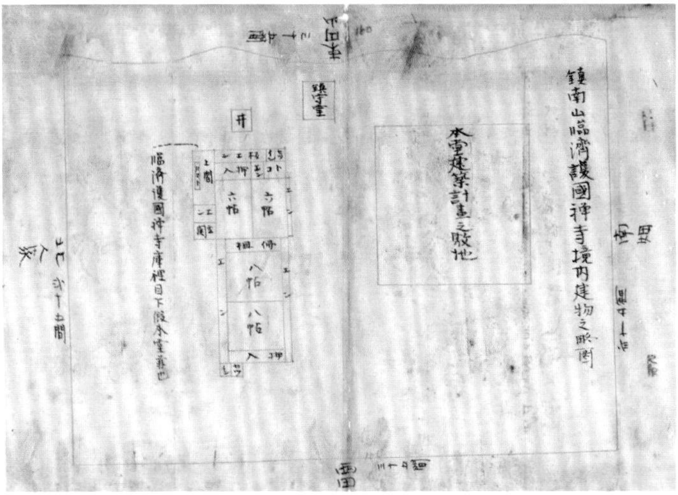

1900 年向總督府申請許可之建築配置略圖。（第一次圖，1900，國史館提供）

房間二間，六疊二間，三疊一間，「押入」四處，廁所兩處，還有炊事土間與浴室等，並預留本堂的預定地。即將落成之際，松本才到劍潭寺向梅山禪師說明興建精舍的過程，梅山對於總督的法愛盛意已無法拒絕，遂遷入精舍，並準備素齋，邀請兒玉總督與幾位居士光臨。席間總督揮筆書成一詩：「不是人間百尺臺，禪關緊傍碧山開，一聲幽磬何清絕，萬里鎮南呼快哉」。兒玉總督隨之親自將寺名定為「鎮南山護國禪寺」，作為在臺日本佛寺中唯一的護國寺，可以看出總督的確有以佛教護國的目的，由鎮南山的名稱亦可以看出有期待能擔任佛教南進基地之想法。此後，梅山與兒玉總督的關係就更為密切。

但是最後兒玉總督對妙心寺派作為南進先驅的期待卻沒有實現，因為答應作為南進布教中心的峨山老師於一九〇〇年（明治三十三年）入寂，之後宗般老師也因病歸國，儘管一九〇一年（明治三十四年）足利禪師來接替，但次年足利禪師也因故必須返國，使得在中國南部布教的工作也只能撤回。

在此發展之下，臺北臨濟護國禪寺的角色也隨之發生變化。一九〇四年（明治三十七年）日俄戰爭中，兒玉總督任參謀長出征，請梅山擔任隨軍布教使。戰爭結束後，兒玉總督於一九〇五年（明治三十八年）底凱旋返臺，次年元旦參拜臺灣神社回程，也順道訪問臨濟寺，與梅山討論應該要興建正式的佛寺。

兒玉總督回日本後，一九〇六年（明治三十九年）突然病死。梅山在臨濟寺舉行追悼會時，向在場的官員述說兒玉的遺志，希望能獲得許可進行募款興建正式的佛寺。隨後於一九〇七年（明治四十年）設立福田會，開始籌備募款。

正式興建佛寺

一九〇八年（明治四十一年）獲得總督府的建寺募款許可，但是這一年只募到七千五百日圓，於是申請延長募款的時間，次年仍沒有募足，又延長二次，直到一九一一年（明治四十四年）仍然募得非常辛苦，無法獲得足夠的資金。總督府擔心募款時間太長，會有不好的影響，本來不想同意，後來特別允許到當年的二月二十三日。梅山後來也開始向臺灣人募款，才終於成功。這可能也是開啟妙心寺派向臺灣人布教的開端。

事實上，儘管募款不順利，新建工程已經陸續在進行。首先，一九〇九年（明治四十二年）荒井泰治與賀田金三郎先捐款興建鐘樓門，工程費用三千六百餘圓。鐘樓門為仿中國城門，日本稱之為「龍宮門」的形式，面積約十坪，與日本日光輪王寺大猷院靈廟皇嘉門之樓門相似，下層為石灰粉白牆之方拱門，上層與一般日本樓門相似，三開間，有高欄，高欄柱頭有「擬寶珠」，柱間有連子窗與板門。門兩側還有向外伸出之「築地」，就是木構土圍牆，上方並鋪有屋瓦。屋瓦和重要木料皆由日本運來，瓦上和門扉上刻有兒玉總督家的家紋。匾額上的「鎮南山」三字，為兒玉總督親筆所寫，名匠本田卯三郎所雕刻。銅鐘和懸掛鐘的木梁皆為後藤新平所捐贈。一九一〇年（明治四十三年）九月七日鐘也鑄造完成，還是村上彰一帶著鑄鐘技師，歷訪美濃谷湧寺、京都智恩院、奈良大佛寺、大阪天王寺等，選擇聲音最好的鐘，仿製而成，完成後由神戶港運來。鐘的底部圓形直徑三尺，高四尺一吋，重六十四斤。

一九〇八年興建之鐘樓門。（黃葉秋造，山門（鐘樓門），一九一三年，臺灣圖書館提供）

　接著，同年年底「庫裡」也開工，由阿部權藏擔任設計監督，高石組施工。一九一〇年（明治四十三年）積極進行施

左｜1910年鑄造的鐘（王惠君提供）
右｜鐘樓門現況（王惠君提供）

工，於一九一〇年（明治四十三年）十二月底竣工。「庫裡」是寺院中僧侶的生活空間，有玄關、接賓室、書院三間、「隱寮」與「眠藏」、「副寺寮」、「知客寮」與「知客殿」、「食堂」、「炊事場」、「下男室」等，並以廊道與本堂相連，「庫裡」後方有「土藏」和倉庫。「庫裡」在山牆面設有突出之歇山側檐式門廊，是入口之所在，山牆檐下有大懸魚，牆面上之水平材之間還有巨大的雲龍形雕刻裝飾，窗上與其上之水平材間有日本傳統之「舟肘木」。側面屋頂上還有「千鳥破風」，使「庫裡」的屋頂呈現出華麗的外觀。

這一年也進行豐川閣的興建，同樣由阿部權藏設計，四月開工，十月落成舉行鎮座式，並舉行煙火、相撲等餘興節目。臨濟護國禪寺中的豐川閣奉祀的是吒枳尼真天，起源於寒巖禪師第二次入宋學禪回來搭船時，看到肩擔稻禾，手

上：一九一〇年完成之庫裡（黃葉秋造，一九一三年，臺灣圖書館提供）
下：豐川閣遺址目前留存臺階和門柱（王惠君提供）

持寶珠，騎在狐上的靈神，後來這靈神就成為禪寺的護法神，奉於山門或是鎮守堂。

一九一一年（明治四十四年）進行本堂的工程。本堂面寬七間，重檐歇山頂，與日本「禪宗樣」不同的是不用補間斗拱，代之以「間斗束」（蜀柱），而花燈窗與棧唐戶之門扇，則屬禪宗樣。木構架上比較有趣的是，斗拱組下有「臺輪」與「頭貫」之水平材，在轉角處並有突出之「木鼻」，再下層不用「長押」，這裡採用貫木，並施以雕刻，較接近中國的枋，但又有突出之木鼻，使轉角柱上就有了兩個木鼻，是近代寺院才會出現

左｜1911 年興建之本堂（黃葉秋造，正殿舊照，1913，臺灣圖書館提供）

從鐵道旁看鎮南山臨濟護國禪寺全景（黃葉秋造，遠景，1913，臺灣圖書館提供）

左｜原來的本堂成為今天的大雄寶殿（王惠君提供）
右｜大雄寶殿內部（王惠君提供）

的做法。室內之「外陣」上方大虹梁上的裝飾化人字形補間（「蟇股」），是日本鎌倉時代以來日本自己發展出來的木構件，內部則有稱為「鏡天井」的天花，也就是來自中國的平棊天花。

一九一二年（明治四十五年）初，臨濟護國禪寺終於全部興建完成，主要支出用項包括本堂、庫裡、鐘樓門、土藏、浴室鑽井、道路新設、佛具費、預備費等。六月二十日舉行盛大的入佛式，還有梵鐘撞初式，並同時舉行受戒儀式與兒玉總督七年忌，兒玉家族、妙心寺館長代理阪上宗詮等，與臺灣總督府民政長官、財務局長、警視總長，以及仕紳林熊徵、辜顯榮、黃玉階等皆到場參與。

臨濟護國禪寺的配置並無中軸線，鐘樓之山門位於本堂偏右之前方，本堂右為庫裡。本堂左方即為鎮守豐川閣，前方有鳥居。

整體來說，臨濟護國禪寺與五山禪院之中軸式配置不盡相同，同時也並未具備一般所認知的，包括有山門、佛殿、法堂、方丈、僧堂、浴室、東司之禪宗七堂之制。這是因為基本上，臨濟護國禪寺雖然是臺灣的大禪寺，但並不是本山，而

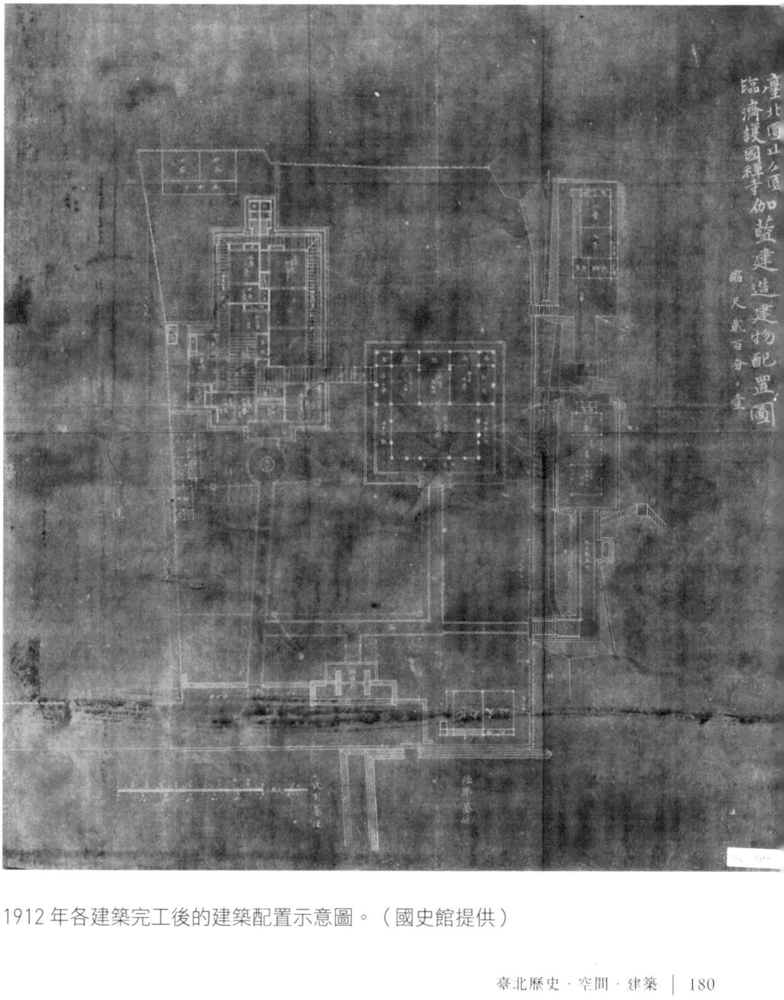

1912 年各建築完工後的建築配置示意圖。（國史館提供）

是別院。別院中通常主要先建「方丈」，作為住持之住所，兼具佛殿與法堂的功能，之後就演變為「本堂」。而為滿足生活機能，再興建「庫裡」。形成「本堂」與「庫裡」並列的配置方式，因此別院常呈橫向配置的狀況。另外，若財力足夠，則再增建鐘樓或山門，或如臨濟護國禪寺，將鐘樓和山門合而為一。另外，如果是以修行為主的禪寺，就會另外興建禪堂與眾寮。

就建築樣式來說，臨濟護國禪寺雖建於明治時期，但仍承繼江戶時期所謂近代寺院的風格，近代寺院之樣式與手法雖呈現多樣性，而簡單來說有趨向大型化、裝飾化之共通點，臨濟護國禪寺的本堂與「庫裡」也顯現出這樣的走向。但本堂依然保有部分禪宗建築的特色。

由於日本一直有多處禪寺請梅山回鄉，一九一四年（大正三年）梅山終於決定接受堺市南宗寺之請，此後由長谷慈圓接任住持。

鎮南學林

一九一六年（大正五年），長谷住持到臺南拜訪由鼓山來臺到開元寺的傳芳和尚，勸請他到日本參訪臨濟宗本山，傳芳雖有意願，卻一直沒有成行。當時開元寺本已加入曹洞宗，可能是來自鼓山的傳芳和尚逐漸擴大的影響力引起長谷住持的注意。

隨即發生的一件事真正促成了臨濟護國禪寺和開元寺以及傳芳和尚的關係變得密切。就是一九一五年（大正四年）曹洞宗臺北別院管長大石堅童決定成立佛教教育機構，月眉山靈雲寺的善慧和尚與觀音山凌雲寺住持，同時也是開元寺監院的本圓和尚都非常積極參與，但是一九一七年（大正六年）開學之時，大石堅童兼任林長，而出力甚多的本圓被安排為副學監，學監由善慧擔任，由於本圓不接受位居善慧之下的安排，遂離開曹洞宗轉而投入臨濟宗，連帶開元寺與觀音山凌雲寺也轉為臨濟宗的「末寺」，同時在臨濟護國禪寺倡辦「鎮南學林」。

開元寺與凌雲寺改屬臨濟宗後，長谷住持遂於一九一七年（大正六年）與本圓禪師，傳芳與其徒孫成圓兩禪師，巡錫福州鼓山及興化、泉州、漳州、廣東、上海等大叢林，再到京都妙心寺，請藏經歸臺。長谷住持並在行前說明因為臨濟寺即將新設鎮南學林，自福州、興化二處叢林，皆派學徒而來。為與中國交流，應先了解當地的狀況，於是變更旅程，先到中國華南各寺歷遊，了解各地教況，之後再去日本。傳芳、本圓二師曾居鼓山，更可以做為嚮導。

可以知道長谷住持本來就想借助在鼓山修行多年的傳芳禪師，協助與華南佛寺的交流能更為順利，剛好遇到本圓禪師對曹洞宗中學林人事安排的不滿，因此轉而加入臨濟宗，並開辦鎮南學林。由此事件也可看出來臺布教的日本禪宗各派與臺灣原有佛寺之間的互動與變化關係。

一九一七年（大正六年）臨濟宗鎮南學林申請獲准，雖然一九一九年（大正八年）請到丸井圭治郎擔任鎮南學林長，但是由於後來學生人數不易維持，結果還是在一九二二年（大正十一年）與曹洞宗學林合併而結束。

雖然辦學沒能繼續，後來與華南地區佛寺的交流似乎也沒有更進一步的發展，但是開元寺、凌雲寺等轉為臨濟宗後，使得臨濟寺逐步與本地佛寺有進一步的關聯，也開始到臺灣人聚居的城市布教和設立寺院；使得後來臨濟宗妙心寺派的臺灣人信徒增加了很多。

丸井圭治郎

丸井圭治郎（一八七〇年—一九三四年）是日本人文學者，專長為宗教研究。畢業自日本駒澤大學，一九一二年（大正元年）來到臺灣後，持續從事臺灣宗教研究。至一九二五年（大正十四年）離臺返日從事教職前，他先後擔任臺灣總督府編修官及內務局社寺課課長。任內的重要事蹟就是將臺灣各地宗教調查的結果，彙整為《臺灣宗教調查報告書》，是臺灣官方第一份全面性的宗教調查。

萬靈塔與地藏庵

一九一八年（大正七年）九月，因整理鎮南學林基地，發現有太多有緣無緣的墓地，因此長谷住持與大龍峒、大稻埕、艋舺諸有志信徒一同向總督府申請在圓山公園內興建一萬靈塔於其旁，並得諸方檀越捐助，興建完成平面呈六角形，高五層的萬靈塔。一九一九年（大正八年）又得到各方捐款一千圓，與建無緣納骨塔，位於萬靈塔後高處，塔平面直徑十二尺，深十餘尺，高二十餘尺。

其後，一九二二年（大正十一年）為進行萬靈塔之增建，淨土真宗本願寺派以大稻埕布教所與臺北普化堂之名義，向各慈善家募款，多獲樂助，於是商請圓山臨濟寺住持天田師，代為向官方申請許可。計畫增加歸淨、永靈二穴，塔側加深二間，舊塔的後半圓擴大，內面有五道隔間牆，正面左右有鐵門設計，預計工費一千五百元。高十四尺，寬六尺，深五十尺，約可收容遺骨六千餘。之後，由於每年七月來祭者眾，一九二九年（昭和四年）十二月計畫在塔前興建拜殿，向大稻埕宮前町方面勸捐。

現在位於臨濟護國寺旁的地藏庵，設有二〇〇六年重立的一九三〇年（昭和五年）建地藏庵碑，上記有「（前略）……萬靈塔即大正七年道友會長中川小十郎氏及臨濟寺二世住職長谷慈圓和尚之提倡也，計收臺北廳下遷塚遺骨三萬餘具，次增築納骨堂於大正十一年，收牛埔仔遷塚遺骨四百籠，昭和五年發起諸氏再收大龍峒塚遺骨百五十袋，而建今地藏庵于萬靈塔納骨堂之前，前後收骷髏幾十萬餘具，納而祀之，使附近居民歲時杯酌，以慰幽靈……（下略）」，碑文由黃贊鈞所撰，發起人有坂上鈍外、東海宜誠、陳茂通、李俊啟、許松英、葉榮申、連士体、丘鳥羊、張井、張承基。現在的地藏庵可能就是原來的拜殿擴大新建而來。

至一九三五年（昭和十年），因為申請進塔者甚多，且該塔建造既久，亦將頹壞，大稻埕的人士發起萬靈塔之修建。經過歷次的增修建，萬靈塔的規模也隨之加大。目前之萬靈塔八角亭為戰後所新建，原址留存有部分原有之石造臺基。

今天的圓山地藏庵（王惠君提供）

石佛禮所

另一方面，在一九二五年（大正十四年）創設「臺北新四國八十八箇所靈場」中，雖然臨濟護國禪寺並不是密宗，但在八十八箇所中，第十一、十二、十三、十四、十五、十七、十八、七十五、七十八、七十九、八十等禮所之石佛皆位於臨濟護國禪寺，目前還留存第十一、十二、十三、十八、七十五、七十八、七十九、八十禮所之石佛立在寺後方萬靈塔前。第十六禮所之石佛本來亦奉於臨濟護國禪寺內，後來曾移至臺北城東南之田園村入口，目前也回到這裡，加上一尊番號無法確認的石佛，至今尚留有十尊石佛。實際上，日本本土的「四國八十八箇所」中，第十一與三十三禮所即是臨濟宗妙心寺派的佛寺。

第十二、十六、七十八、七十九禮所石佛（王惠君提供）

大砥石的發現

同時，在一九一九年（大正八年）將本堂與「庫裡」後方的坡地整理為平地，作為鎮南學林的運動場地時，醫學專門學校的宮原敦教授發現因整理而半露出於地面的大石很特別，調查之後發現竟是新石器時代，研磨石器用的砥石，為大約呈一．六公尺見方的大石。除了大砥石之外，圓山地區還發現有貝塚與石器，很早就指定為重要史蹟，但是政府卻沒有進行實質的保護。一九二二年（大正十一年）宮原教授因為擔心珍貴的大砥石暴露於室外而加速風化，還請井手薰設計，自費興建鋼筋混凝土建築保護。次年完成後，在一九二六年（大正十五年）捐給臺北市政府。據說現在位於鐘樓門外的「無住生心」碑即為大砥石。

右上｜在進行山坡整地時發現大砥石的位置，後面即為本堂，右邊是庫裡。（大砥石挖掘當時，1936，臺灣圖書館提供）

右下｜為保護大砥石而建的建築，門楣上題有「盤古之遺蹟」。（大砥石與其上屋，1936，臺灣圖書館提供）

左下｜「無住生心」碑（王惠君提供）

墓、塔與石雕菩薩像

此外，梅山在回日本南宗寺之後，於一九二〇年（大正九年）六十二歲時過世，作為開山祖師，梅山的墓位即在臨濟護國禪寺的山門東側山坡。他的弟子則武玄敬禪師在一九二九年（昭和四年）開始為開山之梅山禪師倡建開山堂，一九三〇年（昭和五年）完工，位於本堂後方。目前雖然開山堂已經被拆除，但在萬靈塔八角亭前，至今仍留存有開山梅山德庵秀大和尚塔，與聯芳塔、開基大觀院殿藤園玄機大居士塔（兒玉源太郎自號藤園主人，法號為藤園玄機）並立。

一九二九年（昭和四年）館野小捨、同松十與岡村言檢三人為弘道宗心居士過世三年之忌日，製作觀自在菩薩石雕像，後來在一九六〇年時，由當時的白聖長老住持為菩薩像建觀音閣，位於登上萬靈塔八角亭的石階邊。

左到右：聯芳塔、開山德庵秀大和尚塔與開基大觀院殿藤園玄機大居士塔（王惠君提供）

戰後的增建

戰後，日僧被遣送回國，臨濟寺先是由本圓禪師接管，一九四七年本圓禪師圓寂，臺北市府委託林恭平居士代管。一九四八年鼓山湧泉寺的僧侶駐錫於此，擔任住持。然而，一九四九年軍隊入駐，將此視為軍事重地，使佛寺空間使用受到很大的影響。儘管如此，僧侶們仍增建觀音亭、「入解脫門」，並於一九六二年在大殿後方增建二層的客堂、功德堂、報恩堂與第二山門，並將庫裡改名為華藏殿。直到一九六四年臨濟寺被選為佛教外賓接待所，才將軍隊和居住在內的軍眷遷離。

其後，最大的改變是因為一九八四年配合玉門街的開闢，將後來成為華藏殿的庫裡和本堂以移屋的工法，轉為正面朝向玉門街，也就是改為今天所在的位置，形成鐘樓門與大殿不同朝向的現況。後來，因為轉向後的華藏殿損壞嚴重，就被拆除改建。今天留存下來的正殿與鐘樓門於二〇〇七年進行修復工程，次年完工，依然是寺內的重要建築，同時也傳達著過去一百多年以來在此發生的故事，以及滄海桑田的世事變化。

6 臺灣神社

為紀念北白川宮能久親王，兒玉總督將臺灣神社之興建視為重要的工作。原本一八九七年（明治三十年）預定興建臺灣神社於圓山公園西麓，但次年兒玉與後藤民政長官視察後，決定將地點移往基隆河對岸劍潭山，認為這裡不論是基地或視野都更為廣闊。一九〇〇年（明治三十三年）神社升格為官幣大社，正式名為「臺灣神社」，並著手開工，次年（一九〇一年）十月完工，執行大祭。

神社基地位於劍潭山稜線，建築興建於漸序升高的三層基地上，第一層在中軸線的兩側配置有「手水舍」、社務所、神饌所、祭器庫，第二層在中軸線上興建拜殿，接著在更高一層興建「祝詞殿」與本殿。本殿、拜殿與「祝詞殿」皆採雙斜面的「神明造」屋頂形式，同時建築外有圍牆包圍。

一九〇九年（明治四十二年），由於與神社西側距離一兩百公尺左右，有民宅分布，考量民宅居民做飯的炊煙會飄到神社境內，飼養家畜也會跑進來，相鄰的山地所有者會進行伐木等問題，為保持神社境內的清淨、不致受到火害的波及，以及確保周邊的景觀，總督府收購周邊的山地，並將約有十戶左右的民宅遷移出去。接著，在明治橋北端設置廣場，並在神社南端興建噴水池。

自此之後，每年十月二十八日臺灣神社的大祭典成為臺北的盛事。

一九〇一年完工之臺灣神社（村崎長昶，臺灣神社，一九一三年，日本國立國會圖書館提供）

不但當天由臺灣總督帶領各廳舍的人員到神社參拜，同時各町的民間人士也在臺北公園，也就是新公園舉行各種慶祝活動。公園內設有臨時的拜殿、有觀眾席的舞臺、能舞臺（表演日本傳統「能劇」），以及相撲場等，參加者可以在拜殿向著神社遙拜。在一九二一年（大正十年）的記載中，不但各種民間團體例如大同會、府前會等都推出神轎參與，西門外街出動百人以上參加遊行，大稻埕與萬華的臺灣人也分別出動數百人舉龍燈、舞獅與花車參加遊行，像嘉年華會般，新公園周邊被人潮擠得滿滿的。

一九三五年（昭和十年）時，由於原有木構造的社殿建築已經遭到蟲蟻蛀蝕，必須進行修建，規劃過程中，一九三七年（昭和十二年）日本對中國開戰，為對民眾進行精神動員，神社的重要性更為提高，因此將臺灣神社的營造工程加以擴大。在原有神社十六萬坪用地上，又收購了三十三萬坪之多。

這次改建，決定在原有神社的東側較為平緩的坡地興建新神社，預定將原有神社拆除，保留神域，作為「權殿地」。新社殿的建築形式為「流造」，使用臺灣檜木，周邊的林苑使用常綠樹，形成莊重、深遠的神山氣氛。然而，剛興建完成的新神社在一九四四年（昭和十九年）十月二十三日的飛機事故中遭遇火害，使得十月二十八日的祭典只能在舊神社舉行。到戰爭結束前，新神社並未修復完成。

除了新社殿之外，這次的營造工程還有一九三八年（昭和十三年）完成的國民精神研修所，以及一九四二年（昭和十七年）完成的臺灣護國神社。護國神社祭祀的是與臺灣相關的為國犧牲的軍人，這

從一九四五年的航照圖中可以看到新建的神社受損的狀況。（一九四五，中央研究院人社中心GIS專題中心：臺北市百年歷史地圖提供提供）

些新設施都是因為戰爭所發起的皇民化政策而興建。護國神社所在地，戰後被建為忠烈祠。而原來的舊神社所在地，則興建為今天的圓山大飯店。

7「明治橋」與「勅使街道」

由於從市區到臺灣神社必須跨越基隆河，因此必須在河上架橋，一九〇一年（明治三十四年）配合臺灣神社完工的這座橋，後來被稱為「明治橋」，戰後改名為「中山橋」。同時，還必須開設從市區到「明治橋」的道路，與「明治橋」同年完工的這條道路後來被稱為「勅使街道」，也就是今天的中山北路。

後來又在原來的明治橋東側新建鋼骨鋼筋混凝土造的拱橋，一九三三年（昭和八年）新橋完工後即拆除舊鐵橋。而「勅使街道」也在一九三六年（昭和十一年）到一九三九年（昭和十四年）以市地重劃的方式進行拓寬，從原來的十四公尺，拓寬為四十公尺，從原來的三線道，增加為有快車道、慢車道與人行道的五線道路。目標就是想和當時的東京「昭和通」與大

一九〇一年完工的明治橋（明治橋，國家圖書館提供）

一九三三年新建之鋼骨鋼筋混凝土造橋（新明治橋，國家圖書館提供）

阪「御堂筋通」齊名，成為日本三大道路，可以知道不只是在臺灣，即使在日本，「勅使街道」也可以說是足以誇耀的林蔭大道。

拓寬成五線道後的勅使街道（國家圖書館提供）

8 圓山別莊

圓山別莊位於圓山基隆河畔，是日治初期大稻埕茶商陳朝駿為了招待賓客而建的別莊，於一九一三年（大正二年）動工，翌年竣工。別莊主人陳朝駿曾擔任茶商公會和稻江信用組合（類似現在的合作社或農會組織）的首任理事長，有很高的地位和聲望。

從留存的設計圖來看，推測圓山別莊的設計可能是委託日本專業者所作。建築一樓為磚造，二樓為露出木構材的「半木（half-timber）」構造，並且本來是作為斜樑的木構材呈弧形，與其說是構造，裝飾的意義更為顯著。這種形式應是受到所謂都鐸式（Tudor Style）建築的影響。入口圓弧形門廊的柱子為愛奧尼克式（Ionic Order），室內空間細部裝飾等又可看出受到文藝復興樣式的影響。這種復古樣式的建築，在十九世紀末到二十世紀流行於西方國家，日本也受到影響，許多名人宅邸或別莊都會出現相近的樣式。

這棟建築的興建和變遷，與陳朝駿一家的茶葉事業有密切的關係。陳朝駿的養父陳玉露在清光緒年間（一八七五—一九〇八）從事茶葉貿易，陳朝駿與印尼友人合資開設義裕茶行，其後在臺北市大稻埕朝陽街獨立開設「永裕茶行」。這棟建築當時除了作為住宅外，也當作別莊使用，用來接待茶商公會的重要會員，或是作為商人們的交流場所。一九二三年（大正十二年）陳朝駿驟逝，在世界性經濟恐慌的影響下，陳朝駿一家成為一盤散沙，不僅茶行倒閉，圓山別莊也因而易主為日人福田氏。另外，在日治末期，由於勅使街道（現在的中山北路）道路拓寬工程的關係，使得別莊的花園面積減小，原有的車庫、廚房等也被拆除。

戰後，別莊因為是日本人財產而收歸國有，一九五〇年代由後來曾擔任立法院長黃國書買下並入住。一九七九年因故又由臺北市政府購得，一九八二年成為美術館的附屬建築。一九九〇年產權正式移交給臺北市立美術館，一樓作為美術家聯誼中心，二樓作為館史室。一九九八年臺北市文化局指定為臺北市市定古蹟，開始進行調查研究，二〇〇〇年開始進行修復工程。由於所臨道路經過歷次整修，逐漸抬高，使得別莊目前低於路面，必須從捷運圓山站向臺北市美術館的臨河側注意看才會發現，因此常常被人忽略。

圓山別莊外貌（盧德真拍攝，王惠君提供）

圓山別莊內部（盧德真拍攝，王惠君提供）

建築現今位置

【新莊】

建築名稱	現址
慈佑宮	新北市新莊區新莊路二一八號
武聖廟	新北市新莊區新莊路三四〇號
廣福宮	新北市新莊區新莊路一五〇號
米市巷	新北市新莊區新莊路三八七巷
中港厝福德祠	新北市新莊區中港路一〇八號
海山福德祠	新北市新莊區新莊路六三七號
廣福宮前土地公廟	新北市新莊區新莊路二〇七號
潮江寺	新北市新莊區碧江街四七號
日日用打鐵店	新北市新莊區新莊路四一四號
戲館巷	新北市新莊區新莊路三五九巷
文昌祠	新北市新莊區碧江街二十號
翁裕美商行	新北市新莊區新莊路一二八號

【萬華】

建築名稱	現址
龍山寺	台北市萬華區廣州街二一一號
地藏王廟	台北市萬華區西昌街二四五號
大眾廟	台北市萬華區西昌街二四五之一號
清水祖師廟	台北市萬華區康定路八一號
青山宮	台北市萬華區貴陽街二段二一八號
龍津宮	台北市萬華區長沙街二段一八四號
黃氏宗祠	台北市萬華區廣州街二六五巷三號
仁濟醫院	台北市萬華區廣州街二〇〇號
老明玉香號	台北市萬華區貴陽街二段一五三、一五五號
朝北醫院	台北市萬華區貴陽街二段一八一號
原江日益木材行	台北市萬華區康定路八六號
萬華林宅	台北市萬華區西園路一段二〇六巷二四、二六號
學海書院	台北市萬華區環河南路二段九三號
老松國小	台北市萬華區桂林路六四號
龍山國小	台北市萬華區和平西路三段二三五號

【西門町】

建築名稱	現址
國賓戲院（芳野館所在地）	台北市萬華區成都路八八號
真善美戲院（新世界館所在地）	台北市萬華區漢中街一一六號
大世界戲院（大世界館所在地）	台北市萬華區成都路八一號
萬年商業大樓（國際館所在地）	台北市萬華區西寧南路七〇號
福星國小	台北市萬華區中華路一段六六號
西門天后宮（弘法寺所在地）	台北市萬華區成都路五一號
紅樓（舊稱：西門町市場）	台北市萬華區成都路十號
西本願寺	台北市萬華區中華路一段一七四號
西門國小	台北市萬華區成都路九八號
臺北護理健康大學城區部（第三高等女學校所在地）	台北市萬華區內江街八九號

【大龍峒】

建築名稱	現址
劍潭古寺	台北市中山區北安路八〇五巷六號
保安宮	台北市大同區哈密街六一號
陳悅記祖宅	台北市大同區延平北路四段二三一號
孔廟	台北市大同區大龍街二七五號
臨濟寺	台北市中山區玉門街九號
圓山地藏庵	台北市中山區玉門街十一號
圓山別莊	台北市中山區中山北路三段一八一之一號

大事記

清代

一六九四	康熙三十三年	臺北發生大地震形成臺北大湖
一六九七	康熙三十六年	郁永河著《裨海紀遊》
一七〇九	康熙四十八年	泉州移民組陳賴章墾號，獲得許可而有「大佳臘墾荒告示」
一七一七	康熙五十六年	《諸羅縣志》刊行
一七二三	雍正元年	廈門往返淡水社船由四艘增為六艘
一七二九	雍正七年	新莊慈佑宮創建
一七四〇	乾隆五年	艋舺龍山寺建成
一七四二	乾隆七年	《重修福建臺灣府志》刊行
一七四三	乾隆八年	廈門往返淡水社船由六艘增為十艘
一七四六	乾隆十一年	興建艋舺新興宮
一七四七	乾隆十二年	《重修臺灣府志》刊行
一七五〇	乾隆十五年	八里坌巡檢移至新莊公館
一七五三	乾隆十八年	新莊慈佑宮重建完成
一七五五	乾隆二十年	新莊中港厝福德祠建成
一七六〇	乾隆二十五年	新莊武聖廟、新莊海山福德祠建成 艋舺地藏王廟建成
一七六四	乾隆二十九年	設立「聖母香燈」碑與「奉憲立石—渡稅店租額」碑
一七六七	乾隆三十二年	八里坌巡檢改為新莊巡檢
一七七四	乾隆三十九年	《續修臺灣府志》刊行
一七八〇	乾隆四十五年	新莊廣福宮建成
一七八九	乾隆五十四年	新莊巡檢改為新莊縣丞
一七九〇	乾隆五十五年	艋舺清水祖師廟完工 艋舺水仙宮廟建成
一七九二	乾隆五十七年	准許八里坌與福州五虎門對渡
一八〇七	嘉慶十二年	陳悅記祖宅落成
一八〇九	嘉慶十四年	新莊縣丞改稱艋舺縣丞
一八一〇	嘉慶十五年	「四十四坎鬮約」簽立
一八一三	嘉慶十八年	於新莊慈佑宮右側興建文昌祠
一八二四	道光四年	林本源家族於大嵙崁建城
一八三〇	道光十年	保安宮重建完成
一八四三	道光二十三年	艋舺學海書院完工
一八四五	道光二十五年	林本源家族於板橋建弼益館
一八五一	咸豐元年	新莊廣福宮前福德祠建成
一八五三	咸豐三年	林國芳在板橋建三落大厝
一八五六	咸豐六年	艋舺青山宮建成
一八五八	咸豐八年	簽訂天津條約
一八六〇	咸豐十年	簽訂天京條約
一八七〇	同治九年	艋舺育嬰堂建成
一八七三	同治十二年	西門外為興建公塚而設立同仁局
一八七五	光緒元年	新莊文昌祠遷至現址 艋舺清水祖師廟重建完工
一八八七	光緒十三年	劉銘傳奏請建設臺灣鐵路獲准開工

日治時期

一八九五	明治二十八年	日本政府開始統治臺灣
一八九六	明治二十九年	臺灣總督府設立國語學校，於艋舺設立第一附屬學校 高野山真言宗借用艋舺黃氏家廟作為布教場 淨土真宗本願寺派借用「至道宮」設立「淨土真宗本願寺派巡教使駐在所」 圓山公園建設開始 淨土宗於艋舺海山館設立布教所
一八九七	明治三十年	臺灣總督府國語學校第一附屬女子分校場設立 淨土真宗本願寺派開始購買西門外之土地 淨土真宗大谷派載大稻埕設置說教所
一八九八	明治三十一年	高橋醇領和尚在新起街興建大悲閣
一八九九	明治三十二年	臺北尋常小學校設立 高野山真言宗在「新起橫街」新建布教場 淨土真宗本願寺派正式設立「真宗本願寺派布教所」 淨土真宗大谷派新建布教所 圓山公園內設立「臺北縣警察官表忠碑」

一九〇〇	明治三十三年	臺北尋常小學校校舍完工 「新起橫街」興建劇場「臺北座」 臨濟護國禪寺前身之精舍建成
一九〇一	明治三十四年	臺北至桃園的鐵路新路線開通，新設板橋線，新莊線停駛 淨土真宗本願寺派新建臺北別院完工 臺灣神社完工舉行鎮座式
一九〇二	明治三十五年	臺北尋常小學校改為臺北第一尋常高等小學校 「西門外街」興建劇場「榮座」
一九〇三	明治三十六年	圓山公園內前民政長官水野遵銅像完成 臺灣總督府同意節孝祠移建至圓山公園
一九〇六	明治三十九年	圓山忠魂堂方丈、庫裡與樓門等完工
一九〇七	明治四十年	艋舺公學校完工
一九〇八	明治四十一年	艋舺水仙宮拆除，水仙尊王移祀龍山寺 高野山真言宗布教所遷至「新起街」 西門外「新起街市場」完工啟用
一九〇九	明治四十二年	新莊「新品珍商店」開業 臨濟護國禪寺鐘樓門完工
一九一〇	明治四十三年	高野山真言宗布教所新建本堂與庫裡完工，稱為新高野山弘法寺。 臨濟護國禪寺庫裡、豐川閣完工
一九一一	明治四十四年	「新起街市場」稻荷神社完工舉行「鎮座式」。
一九一二	明治四十五年 大正元年	臨濟護國禪寺本堂完工
一九一四	大正三年	圓山公園內設立筆塚 圓山別莊完工
一九一五	大正四年	臺北第一尋常高等小學校改為臺北高等小學校 臺北第五尋常小學校設立，部分校舍完工，隨即改名為城西尋常小學校 臺灣總督府國語學校附屬女學校遷至西門外
一九一六	大正五年	日本閑院宮載仁親王來臺 圓山動物園開園
一九一七	大正六年	日本北白川宮成久王來臺
一九一八	大正七年	艋舺車站遷至現址啟用 圓山公園內萬靈塔建成
一九一九	大正八年	新莊街進行「市區改正」 艋舺第二公學校設立，艋舺公學校改名為艋舺第一公學校 臺灣總督府國語學校附屬女學校改為臺北女子高等普通學校 西門外填土地土地重劃完成 大龍峒保安宮大修完工 臨濟護國禪寺內發現大砥石
一九二〇	大正九年	「新起街市場」改名「西門町市場」 「埋立地紀念」石碑設立 日本久彌宮邦彥王來臺
一九二一	大正十年	艋舺第二公學校新校舍完工 淨土真宗大谷派臨時本堂建成，由布教所升格為臺北別院
一九二二	大正十一年	艋舺第一公學校改名為老松公學校 艋舺第二公學校改名為龍山公學校 臺北高等小學校改名為末廣高等小學校 臺北城西尋常小學校改名為壽尋常小學校 臺北女子高等普通學校改名為臺北第三高等女學校
一九二三	大正十二年	西本願寺「御廟所」、「樹心會館」、鐘樓落成 日本皇太子裕仁親王來臺 劍潭寺重修完工
一九二四	大正十三年	艋舺龍山寺修建完成 西本願寺輪番所完工
一九二五	大正十四年	鎌野芳松發願創設「臺北新四國八十八箇所靈場」
一九二八	昭和三年	淨土真宗大谷派第一次本堂與庫裡完工
一九二九	昭和四年	淨土真宗本願寺派「臺北別院」升為「臺灣別院」 臺北孔廟大成殿完工
一九三〇	昭和五年	淨土真宗大谷派臺北別院火災 臺北孔廟崇聖祠、儀門、東西廡、東西廂完工，舉行陞座與慶祝聖誕釋奠大典 圓山公園地藏庵建成
一九三一	昭和六年	萬華林宅購地興建 西本願寺本堂完工 日本賀陽宮恒憲王來臺
一九三二	昭和七年	淨土宗大谷派臺北別院第二次庫裡完工 圓山公園南側陸軍墓地內設立憲兵忠魂碑
一九三三	昭和八年	新莊潮江寺重修完成 圓山公園內設立船越倉吉半身銅像

一九三四	昭和九年	西本願寺「庫裡」、山門與參道完工
一九三六	昭和十一年	淨土真宗大谷派臺北別院第二次本堂完工
一九三七	昭和十二年	臺北第三高等女學校遷校 臺北市立家政女學校設立
一九三八	昭和十三年	圓山遊園地開園
一九三九	昭和十四年	臺北孔廟欞星門、義路、禮門、黌門、泮宮、萬仞宮牆等陸續完工
一九四〇	昭和十五年	劍潭寺遷移至大直
一九四一	昭和十六年	臺灣總督府頒佈「國民學校令」 臺北第四高等女學校設立
一九四二	昭和十七年	臺灣護國神社完工
一九四三	昭和十八年	艋舺新興宮（媽祖宮）拆除
一九四四	昭和十九年	臺北市立家政女學校改為臺北市立商業實踐女學校
一九四五	昭和二十年	第二次世界大戰終戰

民國

一九四八	民國三十七年	原艋舺新興宮神像迎奉至弘法寺
一九五五	民國四十四年	原西本願寺奉撥作為理教總公所
一九五六	民國四十五年	臺北孔廟明倫堂完工
一九五七	民國四十六年	臺灣省交響樂團等遷出西本願寺
一九七二	民國六十一年	臺北孔廟捐給政府
一九七五	民國六十四年	原西本願寺發生火災，本堂、御廟所、庫理燒毀
一九八六	民國七十五年	圓山動物園移至木柵
一九九二	民國八十一年	中華商場拆除
二〇〇二	民國九十一年	大龍峒保安宮修復完工
二〇〇三	民國九十二年	大龍峒保安宮修復工程獲得「亞太文化資產保存獎」
二〇〇五	民國九十四年	原西本願寺鐘樓、樹心會館指定為市定古蹟，輪番所、本堂台基、參道等登錄為歷史建築 劍潭寺整修完工
二〇〇八	民國九十七年	臨濟護國禪寺修復完工
二〇一一	民國一〇〇年	兒童育樂中心遷至基隆河新生地

國家圖書館出版品預行編目(CIP)資料

臺北歷史.空間.建築：新莊、艋舺、西門、大龍峒、圓山、劍潭 / 王惠君著. -- 初版. -- 新北市：左岸文化出版：遠足文化發行, 2019.07
面； 公分. -- (紀臺灣)
ISBN 978-986-5727-89-5(平裝)
1.歷史 2.歷史性建築 3.臺北市 4.新北市
733.9/101.2 108005473

左岸文化

讀者回函

紀臺灣

臺北歷史・空間・建築：新莊、艋舺、西門、大龍峒、圓山、劍潭

作者・王惠君｜**責任編輯**・龍傑娣｜**協力編輯**・楊晴惠、林育薇｜**校對**・楊俶儻｜**美術設計**・李岱螢｜**版型設計**・徐睿紳｜
出版・左岸文化 第二編輯部｜**社長**・郭重興｜**總編輯**・龍傑娣｜**發行人兼出版總監**・曾大福｜**發行**・遠足文化事業股份有限公司 電話・02-2218-1417｜傳真・02-8667-2166｜客服專線・0800-221-029｜E-Mail・service@bookrep.com.tw｜
官方網站・http://www.bookrep.com.tw｜**法律顧問**・華洋國際專利商標事務所 蘇文生律師｜**印刷**・凱林彩印股份有限公司｜
初版・2019年7月｜初版4**刷**・2022年3月｜定價・450元｜ISBN・978-986-5727-89-5